Gustav Binz, Gustav Binz

Zur Syntax der baselstädtischen Mundart

Gustav Binz, Gustav Binz

Zur Syntax der baselstädtischen Mundart

ISBN/EAN: 9783744625456

Hergestellt in Europa, USA, Kanada, Australien, Japan

Cover: Foto ©Thomas Meinert / pixelio.de

Weitere Bücher finden Sie auf **www.hansebooks.com**

ZUR SYNTAX

DER

BASELSTÄDTISCHEN MUNDART.

INAUGURAL-DISSERTATION

ZUR

ERLANGUNG DER PHILOSOPHISCHEN DOKTORWÜRDE

AN DER

UNIVERSITÄT BASEL

EINGEREICHT VON

GUSTAV BINZ.

STUTTGART.
DRUCK VON GEBRÜDER KRÖNER.
1888.

Meinem hochverehrten Lehrer

Herrn

Oberstudienrath Rektor C. v. Dillmann

in Dankbarkeit

Inhalt.

	Seite
Einleitung	1

Lehre von der Bedeutung der Wortklassen.

1. Die Interjectionen	4
2. Das Substantiv	9
3. Das Adjectiv	15
4. Das Adverb	21
Von der Negation	26
5. Die Präposition	29
6. Das Pronomen.	
I. Zählende Pronomina	33
II. Fragende Pronomina	41
III. Deiktische Pronomina	43
IV. Anaphorische Pronomina	50
V. Relative Pronomina	61
7. Die Conjunction	63
8. Das Verbum	70

Verzeichniss der Quellen und Hilfsmittel.

Basilea Poetica. Basel 1874. (B. P.)
Schwizer-Dütsch, herausgegeben von Sutermeister. Kanton Basel, Heft 1 bis 3. (S. D.)
E. Hämpfeli, Lieder. (H. L.)
Seiler, Die Basler Mundart. Wörterbuch. Basel 1879.
Andreas Heusler, Beitrag zum Consonantismus der Mundart von Baselstadt. Freiburger Dissertation 1888.
Schweizerisches Idiotikon.
Hebel, Alemannische Gedichte, herausgegeben von O. Behaghel (Bd. 141 der deutschen Nationalliteratur).
Brant's Narrenschiff, ed. Zarncke.
Pamphilus Gengenbach, ed. Gödeke.
Dramen des Herzog Heinrich Julius von Braunschweig, ed. Holland (Bibliothek des literarischen Vereins, Bd. 36).
Grimm, Deutsche Grammatik, Bd. 4. (Grimm.)
Erdmann, Grundzüge der deutschen Syntax, 1. Abth. Stuttgart 1886. (Grundzüge.)
Paul, Mittelhochdeutsche Grammatik. 2. Aufl. Halle 1884.
„ Prinzipien der Sprachgeschichte. 2. Aufl. Halle 1886.
Behaghel, Die deutsche Sprache. Leipzig und Prag 1886.
„ Ueber die Zeitfolge der abhängigen Rede. Paderborn 1878.
„ Vorlesung über einige Kapitel der deutschen Syntax (Collegienheft: das hieraus Entnommene ist im Folgenden mit * bezeichnet).
Wunderlich, Untersuchungen über den Satzbau Luthers. I. Pronomina. München 1887. (Wunderlich.)
Miklosich, Vergleichende Grammatik der slavischen Sprachen. Bd. 4. 2. Abdruck. Wien 1883. (Miklos.)
Siede, Syntaktische Eigenthümlichkeiten der Umgangssprache weniger gebildeter Pariser. Berliner Dissertation 1885. (Siede.)
  Im Uebrigen die im Verlauf der Arbeit citirten Aufsätze und Recensionen.

Einleitung.

Während auf dem Gebiete der Laut- und Formenlehre die Bedeutung der mundartlichen Forschung schon seit einiger Zeit erkannt und gewürdigt worden ist, sind die Mundarten in Bezug auf syntaktische Bearbeitung bis jetzt fast ganz vernachlässigt worden. Der Grund dafür kann wohl nur der sein, dass die Syntax im Allgemeinen ein noch wenig bebautes Gebiet ist; denn gewiss ist das Studium der Mundarten für die Lehre von den syntaktischen Verhältnissen der deutschen Sprache ebenso fördernd als für die Lautlehre. In der Mundart, die nur in den wenigsten Fällen durch den immer conservirend wirkenden Einfluss der schriftlichen Aufzeichnung gehemmt wird, gestalten sich die syntaktischen Verhältnisse viel freier und ungezwungener. Die ursprünglichen, einfachsten Ausdrucksweisen sind in der natürlichen Volkssprache noch viel lebendiger und gestatten uns, von der Art ihrer Verwendung auf die syntaktischen Verhältnisse früherer Zeiten Schlüsse zu ziehen [1]).

Zu den in dieser Hinsicht interessantesten Dialekten gehören ohne Zweifel die schweizerischen; sie stehen namentlich der Schriftsprache so fern, dass eine direkte Beeinflussung durch dieselbe viel seltener ist als in anderen deutschen Dialekten, die niederdeutschen vielleicht ausgenommen; andere-

---

[1]) cf. Behaghel, Entstehung der abhängigen Rede und Ausbildung der Zeitfolge im Altdeutschen. S. 10.

seits wiederum hat der Gebrauch des Dialekts in allen Kreisen des Volks eine reichere Entfaltung der Syntax zur Folge gehabt.

Die vorliegende Arbeit sucht nun, von diesen Verhältnissen wenigstens für eine Mundart, diejenige der Stadt Basel, ein Bild zu geben. Der Schwierigkeiten, die sich mir bei der Behandlung dieser Aufgabe entgegenstellen, bin ich mir wohl bewusst. Sie sind verschiedener Art. Einmal ist es in einer Zeit, wo der Schulzwang allen eine mehr oder weniger tief dringende Bildung, namentlich aber eine im Allgemeinen ziemlich bedeutende Bekanntschaft mit der Schriftsprache verschafft, wo der gesteigerte Verkehr das Bedürfniss nach einer Gemeinsprache erhöht, erklärlich, dass die eigenthümlichen Verhältnisse der Mundart durch den Einfluss anderer Dialekte, besonders aber der Schriftsprache mehr und mehr verdunkelt werden. Es ist schon heute sehr schwierig, eine Scheidung dessen vorzunehmen, was in syntaktischer Beziehung einer Mundart rein angehört und was nicht; und die Zeit, wo dies geradezu eine Unmöglichkeit geworden ist, wird wohl nicht sehr ferne von uns sein. Dazu kommt noch ein persönlicher Mangel meinerseits. Lange Abwesenheit von meiner Vaterstadt, Aufenthalt auf schwäbischem Sprachgebiet hatte zur Folge, dass eine gewisse Dialektmischung eintrat, und dass mir viele gut baslerische Ausdrücke beinahe oder ganz unbekannt wurden. Dem habe ich durch aufmerksamen Umgang mit älteren, von der Schriftsprache weniger berührten Leuten abzuhelfen gesucht.

In der Anordnung des Stoffes lehne ich mich an diejenige an, welche mein verehrter Lehrer, Herr Professor Dr. Behaghel, in seiner Vorlesung über einige Kapitel aus der deutschen Syntax gebraucht hat, die ihrerseits wesentlich auf dem Miklosich'schen System beruht [1]). Dasselbe schien mir für den einfachen Satz das bequemste und übersichtlichste.

---

[1]) Anm. Herr Prof. Behaghel theilt mir mit, dass er von der Eintheilung, welche er in seiner Vorlesung über deutsche Syntax gebraucht hat, nicht völlig befriedigt ist und sie desshalb in mehreren Punkten modificirt.

Ich theile also ein:
1. Lehre von der Bedeutung der Wortklassen,
2. Lehre von der Bedeutung der Wortformen,
3. Lehre von der Betonung und Wortstellung.
Es folgt hier zunächst der erste Theil.

Was die Orthographie der mundartlichen Beispiele anlangt, so habe ich, soweit ich gedruckte Quellen benützte, und das war bei den meisten der Fall, die Schreibweise dieser letzteren wiedergegeben; für die nach dem Gehör aufgezeichneten und die wenigen von mir selbst gebildeten Beispiele habe ich die bei Dialektschriftstellern gewöhnlich gebrauchte Orthographie in Anwendung gebracht, nicht die phonetische, da sie mir meine Arbeit bedeutend erschwert hätte und mir doch für syntaktische Zwecke nicht durchaus erforderlich erschien.

Erster Abschnitt.
Lehre von der Bedeutung der Wortklassen.
1. Die Interjectionen oder Satzwörter.

§. 1. Bei den Interjectionen unterscheiden wir
1. primäre:
   a) Naturlaute, die irgend einen Affect ausdrücken;
   b) aus Begriffswörtern entstandene;
2. secundäre.

Bei den primären lassen sich verschiedene Unterabtheilungen unterscheiden, cf. Erdmann, Grundzüge §. 129:

a) Reflexlaute: *á, ach, au, o, e, haha, hihi, ae, bhu, pfi* nur noch in Zusammensetzungen: *pfitschinder, pfiteiggeler, pfitausig* etc.;

b) schallnachahmende: *rätsch, plätsch, patsch, bum, plumps* und andere;

c) Hetz-, Scheuch- und Lockrufe: *hüst, hott, hü, ö, hé, hola, ksch, bsws, bibi, dudu* etc.

§. 2. Fast zu derartigen Interjectionen herabgesunken sind die ursprünglich nicht in diese Klasse gehörigen Wörter *aber, nai, jo* in Verbindung mit *ě* zum Ausdruck des Erstaunens oder Unwillens: *e naí, e aber, e jó, jojo.*

Einen ähnlichen Uebergang weisen manche Nominalformen auf, die, corrumpirt und in ihrer Form vereinzelt, nicht mehr als in Beziehung zu dem übrigen Paradigma des Wortes stehend gefühlt werden, z. B. *poz* < *gottes, herrjé* < *herr jeses, o haije* < *herrje?* etc.

§. 3. Onomatopoetische Interjectionen, welche Thierlaute nachahmen, werden manchmal in der Kindersprache zur Ergänzung von Substantiven verwendet, welche das betreffende Thier bezeichnen, z. B. *e schefeli bæ; e mucheli mü* oder sie werden auch geradezu substantivirt für jenes Thier selbst gebraucht *e wauwau*.

§. 4. Zu den aus Begriffswörtern entstandenen Interjectionen gehören der Vocativ und der Imperativ. Diese sind die ursprünglichsten Stammformen der Nomina und Verba und erst später in das Schema der bezüglichen Wortklassen eingetreten.

1. Der Vocativ kann eine Ergänzung zu sich nehmen in Form einer Apposition, eines Pronomens oder Substantivs, z. B. *du lump! ir kaibe! herr Müller! unklen Emil! tante Grittli! litenant Zehntner! korporal Keller!* Die Zahl der Substantiva, die in solcher Weise als Ergänzung zum Vocativ treten können, ist jedoch beschränkt auf *herr, frau* und die Verwandtschafts- und Titelbezeichnungen.

Eine zweite Art der Ergänzung ist diejenige durch ein Adjectiv; diejenige durch ein possessives Pronomen der ersten Person Singular ist jedoch nicht dialektisch, also nicht *mi vater!* sogar kaum, wenn noch ein Adjectiv damit verbunden ist: *mi liebe pape! mi gueti mame!* machen mir wenigstens einen fremden Eindruck. Ueberhaupt scheint sich die Mundart auf die Ergänzung durch *lieb* zu beschränken; andere Adjective als Ergänzung eines Vocativs kommen fast nur in Verbindung mit einem vorgesetzten *du* oder *ihr* vor: *jo, liebe frind; du wieste mensch! du nett kind! ihr fule buebe!*

Die Ergänzung durch eine präpositionale Verbindung, entsprechend z. B. einem schriftsprachlichen Genetiv, kommt kaum vor.

2. In ähnlicher Weise wie der Vocativ hat sich der Imperativ entwickelt; er ist derselben Ergänzungen fähig wie ein Verbum finitum. Die Mundart weicht hierin von der Schriftsprache nicht ab; nur in Betreff der Setzung des Pronomens *du, ihr* zum Imperativ herrscht ein kleiner Unterschied, indem

dieselbe in der Mundart oft auch stattfindet, ohne dass ein gegensätzliches Verhältniss die Hervorhebung nothwendig macht, z. B. *waisch was? kumm du morn zmittag uf der platz.* Siehe Personalpronomen §. 82, 2.

§. 5. Secundäre Interjectionen nennen wir das, was man gemeinhin als Ellipsen bezeichnet. Dieser letztere Ausdruck ist jedoch ungeschickt. Der Redende hat in vielen Fällen nicht ein bestimmtes Wort im Sinn, das er dann auslässt; es schwebt ihm vielmehr die Gesammtheit eines Gedankens vor, dem er in seinem wichtigsten Theil sprachlichen Ausdruck gibt; oft ist es geradezu unmöglich, eine Ergänzung anzugeben; cf. auch Erdmann, Grundzüge §. 101, z. B. *fürjo! mordio! abe! ine! eweg! e glas bier! guete tag! gliggligi reis! do! se!* = siehe da! nimm! ahd. *sê*, goth. *sai*, nhd. *siehe!* bei Gengenbach öfters *se!* aus Pronominalstamm *sa + i*. cf. Osthoff, P. B. B. 8, 311. Dass der Sprache das Gefühl für diese Abstammung des Wortes verloren gegangen ist, erhellt am besten daraus, dass in verschiedenen anderen schweizerischen Dialekten, im baselstädtischen meines Wissens freilich nicht, eine Art von Pluralis dazu gebildet worden ist: *sent!* als ob *se* ein Singular des Imperativ wäre. Es sind hieher auch zu rechnen betheuernde Ausrufe, wie *mi sel! mi sech* und *mi sex!* wohl euphemistisch für *mi sel;* vielleicht auch humoristische Analogiebildung nach *meiner treu* (baselland. *mi dreu!*) in Dialekten, wie baslerisch oder schwäbisch, wo *eu* mit *ei* zusammengefallen ist. — cf. hiezu Paul, Prinzipien² S. 104 und S. 272, der mit Recht hervorhebt, dass auf die Form dieser Ausrufe oft die Analogie vollständiger Sätze einwirkt, z. B. *jetz selbe Fenstre none Blick!* H. L. 8.

§. 6. Namentlich sind derartige Ausrufe sehr häufig auf eine Frage hin, deren Hauptgedanken man sich mit einem Worte wiederholt, um darauf zu antworten: z. B. *wie gots im unkle? der unkle? da isch wider zwäg*; dabei ist zu beachten, dass die so wiederholten Begriffe meist nominale, selten verbale sind, was wohl mit der meist geringeren Betonung des Verbs zusammenhängt.

§. 7. Manchmal jedoch liegen wirkliche Ellipsen vor. Wir zählen hier die wichtigsten Fälle auf:

1. Die Verwendung des Participium Praeteriti in imperativischer Bedeutung, besonders in der militärischen Sprache: *rächts abbroche! abgsässe! ufgstande!* was Grimm 4, 175 als eine Ellipse aus *seid aufgestanden!* Becker als *es werde aufgestanden*, Behaghel aus dem Indicativ *es wird aufgestanden* erklärt. Dass diese Participien auch eine Objectsbestimmung zu sich nehmen, ist so zu begreifen, dass nach Analogie der übrigen Verbalformen die Ergänzung auch im Accusativ zu ihnen tritt (wir sagen hier vorläufig im Accusativ; ob die Form wirklich Accusativ oder ob sie Nominativ ist, wird im zweiten Theile bei der Casuslehre behandelt werden); *der huet ufgsetzt! der stecke gno und mitgange! d'stube gwischt!* vielleicht ist in dieser Weise auch das erste Particip aufzufassen in der Redensart *Nase glängt, Abrille gsprängt*, was das schweizerische Idiotikon I, Sp. 364 erklärt = *an d'Nase glängt, in Abrille gsprängt*, d. h. nach der Nase gegriffen, um sich zu überzeugen, wie lang sie geworden ist. Der zweite Theil könnte dann etwa als Nachsatz eines hypothetischen Satzgefüges betrachtet werden.

2. Die Verwendung des Infinitivs im imperativen Sinn: cf. Grimm 4, 86, Miklosich 4, 850, um einen Befehl oder eine Bitte auszudrücken. Nach Behaghel erklärt sich dieser Gebrauch aus einem Fragesatz: *lige lo!* aus *witt lige lo?* könnte man nicht vielleicht auch aus *du sollsch lige lo* erklären? Dieselbe Erscheinung findet sich auch in den romanischen Sprachen. cf. Paul, Prinz.² S. 108.

3. Die Antwortpartikeln, bejahend *jo* und *jä*; letzteres gilt als Antwort auf eine Entscheidungsfrage für unhöflich; es wird mehr nur in beifällig oder hämisch zustimmendem Sinne gebraucht: daneben *jäjä*; zögernd und einen Einwand einleitend *jäjo*; in beinahe negirender Weise gedehnt *jä* und dann geradezu mit *nai* zusammengestellt *jä nai*. In Verbindung mit *frili* tritt *jo* häufig auf: *jo frili; frili* hat dann einen so starken Ton, dass es schliesslich auch allein für sich als

bejahende Antwortspartikel auftritt. Die verneinende Partikel ist *nai* < *ni ein,* verstärkt *na na na nai.* In nachlässiger Rede werden in demselben Sinne wie *jo* und *nai* gebraucht *ëhë* resp. *ëë.*

4. *mai,* nach der gewöhnlichen Annahme zu erklären als *mein* = *mein geselle* oder ähnlich; diese Erklärung bietet aber für die schweizerischen Dialekte lautliche Schwierigkeiten, da einem nhd. *mein* dialektisch *mĩ* entsprechen müsste; gefühlt wird es heute jedenfalls als der Singular eines Imperativs und demgemäss ein Plural *maine, maine Sie* dazu gebildet.

5. *gäll* wird hieher zu rechnen sein, wenn die gewöhnlich dafür gegebene Erklärung als 3. Sing. Conj. von *gelten* = es gelte richtig ist; unannehmbar ist jedenfalls die Erklärung Martin's: Zeitschr. f. d. A. 29, 468 aus *gehellet ir,* denn diesem müsste nothwendig ein alemannisches *kellet (ghellet)* entsprechen, das sich aber meines Wissens wenigstens nirgends findet.

Gäll wird heute als 2. Pers. Sing. Indic. aufgefasst, man bildet dazu einen Plural *gältə, gältə Sie:* doch wird manchmal die Form *gäll* auch Personen gegenüber angewandt, die man sonst mit *ihr* oder *Sie* anredet. Einige Schwierigkeit verursacht die Assimilation von *lt* > *ll,* die sonst nicht baslerisch ist.

§. 8. Alle diese Interjectionen können in der Schriftsprache noch gelegentlich Rectionen bei sich haben; dieser Gebrauch ist in der Mundart bei den secundären Interjectionen, wie wir theilweise schon oben gesehen haben, noch lebendig, aber kaum mehr bei den primären; ein Rest liegt vielleicht vor in *pfudi* < *pfui dich?* öfter findet sich noch die Zusetzung eines Vocativs *jojo du! he ihr!*

Constructionen wie *ach mit eierem ewige gschnäder* und ähnliche darf man kaum als hieher gehörig betrachten, da diese Präpositionalverbindungen auch sehr häufig ohne daneben stehende Interjection vorkommen.

§. 9. Ferner können solche Ausrufe in lebhafter Erzählung geradezu in der Function eines Verbum finitum verwendet werden, dabei muss aber immer ein Verbum finitum vorausgegangen sein*: Hebel 2, 36 f. *schliefst in d'Hürst — jez such* *mers eis! — dört güggelets use, Guggus, dass di Potz!* und *het si urige Phatest.*

§. 10. Uebergänge von Interjectionen in andere Wortklassen finden sich

a) zu Substantiv: *in aim witsch, in aim hui; ä mache, pfudi mache* in der Kindersprache, ebenso, *aim en äli, aim ä mache* = liebkosen;

b) zu Adjectiven: in prädicativer Verwendung: *das isch ä.* cf. Adjectiv §. 34, 3.

2. Das Substantiv.

Die syntaktischen Verhältnisse des Substantivs sind in der Mundart im Wesentlichen die gleichen, wie in der Schriftsprache.

§. 11. Ein Substantiv wird auf zwei Arten ergänzt:
1. durch ein Prädicat in irgend einer Satzform;
2. durch Attribution.

Wir unterscheiden demgemäss:

a) ergänzungsfähige, aber nicht -bedürftige Substantiva (dies sind die meisten Sachbezeichnungen);

b) ergänzungsbedürftige Substantiva, und hier wieder:
 α) Massbestimmungen,
 β) Verhältnissbestimmungen,
 γ) Nomina agentis und Nomina actionis.

§. 12. Zwischen diesen beiden Arten von Substantiven finden, wie im Nhd., zahlreiche Uebergänge statt.

1. Nicht ergänzungsbedürftige > ergänzungsbedürftig:

a) absolute Substantiva > Massbestimmungen: *ell, fuess, schue, hand, stab, glas, fass, tasse;*

b) absolute Substantiva > Verhältnissbestimmungen: *bueb* = Sohn, *maidli* = Tochter, *magd* = Dienerin, *frau* = Gattin, *mà* = Gatte, Uebergänge, welche der Mundart theilweise mit der Schriftsprache gemeinsam sind.

2. Ergänzungsbedürftige werden absolut:

a) **Massbestimmungen** > absolut: *masse, mäss, mumpfel,* stuck (= Theaterstück);

b) **Verhältnissbestimmungen** > absolut: *tochter* = erwachsenes Mädchen, *sun* = Jüngling, *schwester* = barmherzige Schwester, *frau, herr, mieterli* = alte Frau, *kind, prinz* = Sohn;

c) **Nomina agentis und actionis** > absolut: *brenner, diener, gerber, lehrer, schriber, fäger* (= tüchtiger Bursche), *abtheilig, verstärkig, unterstitzig;* namentlich substantivirte Infinitive, die hier nicht direkte Fortsetzung des alten, ursprünglich substantivischen Infinitivs sind (manche dieser Uebergänge gehen in mhd. und ahd. Zeit zurück).

§. 13. Die Ergänzung der Substantiva findet statt:

1. durch Adjectiva:
a) als Attribut,
b) als Prädicat,
c) als prädicatives Attribut. Beispiele dafür sind überflüssig. Zu c ist zu bemerken, dass das prädicative Adjectiv mit dem Substantiv oft nicht durch die blosse Copula *si* verbunden wird, sondern durch ein Verbum der Bewegung oder auch der Ruhe an einem Ort z. B. *der ganz tisch lauft voll klaine thierli, d'stube schwimmt voll wasser, dä baum hangt voll epfel, der bode lit voll obs.* Die Thätigkeit, die im Verb ausgedrückt ist, kommt eigentlich nicht dem Subject zu, sondern dem von *voll* abhängigen Substantiv. Der Fall c tritt namentlich bei accusativischer Ergänzung ein: cf. Grimm 4, 623 ff. *e blatt voll schribe, das tuech roth färbe, e nagel grad klopfe, e spiegel schreg hängge* etc. cf. §. 22; Erdmann, Grundzüge §. 52b; Tomanetz, Anz. f. d. A. XIV, 18.

2. Durch Casus von Substantiven:
a) nicht objective: Genetiv, Dativ, präpositionale Ausdrücke, Accusativ an Stelle eines mhd. Genetivs: *s Millers hus, mim vater si garte, e ma ab der landschaft, e burger vo Basel, d'mueter vo dem kind, e mos wi, e stick brot, e bisse fleisch.* cf. Paul, Prinz.[2] S. 129;

b) durch objective, was in der Mundart nur bei Präpositionalverbindungen eintreten kann.

— 11 —

3. Durch **Adverbien**. Diese Ergänzung ist in der Mundart viel häufiger als in der Schriftsprache; besonders dienen dazu locale Adverbia: *mi hant do, dä baum dert, die riche lit näbezueche, die raije hintedra*, aber auch andere: *gar e lärme, er isch au bi lite derno, eso eppis, eso ne kärli, de muesch doch kai so Fegnest si*, B. P. 409; *er isch der uf und ähnlig fatter;* die Entwickelung von *so, gar* als Ergänzung geht wohl von denjenigen Fällen aus, wo es mit einem Adjectiv vor dem Substantiv stand, wobei die Stellung *so ne grosse Ma* die gewöhnliche war (cf. Gengenbach, Ew. burger 97: *hören ... wie Christus uns so einen vätterlichen trost gybt*. Von drien Christ 326: *Nun hatten unsere vorfaren gar einen frommen man by inen*; Novella 152 f.: *Also hat sy der Münch verkert, sy gantz ein nüwen glouben glert)*; von da aus wäre es auch übertragen auf Fälle, wo kein Adjectiv dabei steht [1]) (vgl. Tomanetz, Anz. f. d. A. XIV, 25).

Als Apposition findet sich das Adverb ebenso: *und wie do an de Rose Knöspli sind, no kum devorne recht* B. P. 206, und besonders als Prädicat: *endlig ischs us ysi*, cf. §. 26.

Häufig nimmt dann das Adverb adjectivische Form an: *en abe stil, e zueni tire*. cf. Erdmann, Grundzüge §. 47.

§. 14. Ein Substantiv kann als Ergänzung zu einem andern Substantiv hinzutreten 1. als **Apposition**. cf. Erdmann, Grundzüge §. 108 und 109. Im Ganzen ist die Apposition im Dialekt viel seltener als in der Schriftsprache; meist verwendet die Mundart die Form eines parenthetischen oder abhängigen Satzes, also gewissermassen die Form eines Prädicats, was überhaupt als das ursprünglichere anzunehmen ist, s. Paul, Prinz." S. 114. Unmöglich wären Sätze, wie die bei Erdmann S. 64 angeführten: *der Mensch, ein Leib, den deine Hand so wunderbar bereitet; ich verwerfe dich, ein deutscher Jüngling; Ihr kennet ihn, den Schöpfer kühner Heere*, es müsste dafür etwa heissen: *der mensch, wo ne lib het, wo du eso wunder-*

---

[1]) Anm.: *so ne verliebti kärli* kann zweierlei Sinn haben: 1. = solch ein verliebter Kerl, 2. ein so sehr verliebter Kerl.

bar gmacht hesch; i rerwirf di, denn i bi ne ditsche; ir kennen in, er het d. h. gschaffe etc.

Dagegen ist die engere Apposition gebräuchlich, indem z. B. ein Appellativum vor einen Eigennamen tritt: *d'studt Basel, 's schloss Habsburg* (wenn auch hier vielleicht das scheinbare Adjectiv *s'Rötteler Schloss, Säli schlössli, Richestainer Schlössli* etc. häufiger ist), *der kinig Wilhelm, d'Jumpferen Erlacher, der Bezirk Brugg, der kanton Bern.*

Beispiele für Apposition in freierer Anfügung eines erläuternden Substantivs: *der Karli main i, im Meyer si bueb; der alt Strub, im Hansi si Maister; der Stainer, der buechbinder.*

Seltener ist appositives Verhältniss statt eines attributiven: *Gfallt der si Chappe, wasserblaue Damast und gstickt mit goldene Blueme?* Hebel 2, 104.

2. Als Prädicat: Beispiele dafür sind wohl überflüssig.

Aus dieser Verwendung erklärt es sich, dass Substantiva adjectivisch geworden sind; hieher gehören in der Mundart *schad, sturm* (= betrunken), *schuld;* daneben kommt häufiger *tschuld* vor; vielleicht hat man in dem t den bestimmten Artikel zu sehen, oder es liesse sich am Ende das t durch eine falsche Herüberziehung aus den negativen Sätzen: *i bi nit schuld* > *i bi nit tschuld* erklären, von denen es auch auf positive Sätze, wo dem *schuld* kein *t* vorhergeht, übertragen worden wäre.

§. 15. Substantivirung findet statt:

1. von Adjectiven:

Die Substantivirung von Adjectiven ist in der Mundart nicht in dem Umfange gebräuchlich, wie in der Schriftsprache. Ein substantivirtes Adjectiv im Singular mit dem bestimmten Artikel als Vertreter der ganzen Gattung ist kaum echt volksthümlich; nur in spezieller Bedeutung, wo man schwanken kann, ob man nicht eine Ellipse annehmen soll: *s Badisch, s Ditsch, s Franzesisch*, nämlich Land, *Alte, Neie, Siesse;* der *Alt* (= Vater), *die Alti, der Liebst:* cf. Paul, Prinz.² S. 271; *s Griens* (= Gemüse), *s Bruns* (eine Art Backwerk); im Neutrum auch in Sätzen, wie: *s Guet an der Sach isch numme das gsi . . . s Schenst an der ganze Gschicht isch, dass . . .*

Substantivirte Adjectiva im Plural hingegen sind nichts Seltenes: *die riche, die arme, die vornäme, die grosse, die klaine.*

2. Von Infinitiven:

S' Aglopfen isch ebe bi im nit der Bruuch gsi. Däm het er si Händelsueche und Spedaggelmache au emol verdribe. Er hets Bixemachen us em Fundament verstande. S Jagen und Schibeschiesse isch si greschti Fraid gsi. Mer wän das im Verbigo grad mitnä.

Manchmal wird auch ein Infinitiv sammt einer dabei stehenden Ergänzung substantivirt: *Hent er jetz vil Bläsir gha ob eierem z Märt go?*

Dabei ist zu unterscheiden, ob die Substantivirung nur eine gelegentliche oder eine ständige ist. Nur die der letzteren Art angehörigen Infinitive werden als vollkommen substantivisch behandelt, d. h. können auch in den Plural gesetzt werden. Beispiele dafür sind freilich in der Mundart selten, weil die meisten der hieher gehörigen Wörter der Schriftsprache im Dialekt entweder gar nicht vorhanden sind oder nicht im Plural gebraucht werden können.

Ein von der Präposition *zue* abhängiger Infinitiv mit dem bestimmten Artikel findet sich nach den Verben *si, hâ, gä, finde* und ähnlichen; entsprechend einem nhd. Infinitiv mit *zu*: *do gits gar nit zuem lache. S'isch aller ehre wärt zuem Warte bis am achti. S'isch nimme zuem ushalte (i ha das zuem usbessere furt gä; s'isch zuem erbarme).*

Der Genetiv von Infinitiven kann als Subject oder Object dienen, vgl. Casuslehre: *dasch e Brieles und Lärmes; jo, do gohts an e Kräsmes; do hilft kai Wëres nit; was isch au das fir e Flueches.* Der Ausgangspunkt für diese Entwickelung wird wohl in Constructionen zu suchen sein, in denen ein Infinitiv im Genetiv von einem Wort abhing, das eine Menge bezeichnet, wie *was, vil, nichts* etc. Von hier aus wäre dann die Genetivform eingedrungen für Fälle, wo keine Quantitätsbezeichnung vorhanden war.

Neben diesen noch deutlich als Infinitiv erkennbaren Formen finden sich auch solche auf *-lis (-erlis),* die ich mir nur als erstarrte Genetivformen von Infinitiven erklären kann. *-is* wäre die lautgesetzliche Entwickelung von *-ens (cf. Steffisburg < Steffensburg, Volkisberg < Volkensberg).* Ich nehme an, dass schon frühe der Zusammenhang dieser Formen mit dem übrigen Infinitiv nicht mehr deutlich gefühlt wurde und demgemäss die streng lautgesetzliche Entwickelung erfolgte, während die ersteren neuere Analogiebildungen unter Einfluss der Nominativform des Infinitivs wären. Bei Gengenbach, welsch fluss 1 heisst es *flüssliss heiss ich ein näwes spyl;* ib. 140 *flusslen.* Diese Infinitive treten fast nur bei dem Verb *mache* = spielen auf, bei dem im Mhd. gewöhnlich der Infinitiv stand. cf. Grimm 4, 673. Es sind Wörter wie *Ferbärglis, Jäglis, Fangis, Jegerlis, Räuberlis, Mammerlis*; auch *Duzis* oder *Duzlis* mit *aim si* oder *mache*, vgl. Seiler S. 93. Das Vorbild dafür mögen etwa *gfätterle* oder ähnliche Ableitungen von Nomina agentis auf *-er* gewesen sein; von denen aus das *-er* auch auf solche überging, bei denen das Substantiv, von dem sie abgeleitet sind, nicht auf *-er* ausgeht. Dass aber dem Sprachgefühl jetzt diese Formen als Deminutiva vorkommen, ersieht man aus Bildungen wie *Soldätlis, Kamerädlis.*

3. Von Personalpronomina:

Er hett am undere Morge das Du, won er mer am Obe vorher atrait het, vergesse gha. Kaum echt dialektisch ist *das Ich.*

4. Von Zahlwörtern:

Es isch e fimfi anstatt imenen Achti. Lesch das vieri us und mach e null derfir; e viertel ab de zwelfe; gege de sächse.

5. Von Adverbien:

Er isch e langwielige Kärli mit sim ewige „Speter".

6. Von Conjunctionen:

Jo, wenn men allwil uf sini wenn und aber lose miesst.

7. Von Verbalformen, resp. ganzen Sätzen:

Der Nitnutz, e Gheidium nit (Seiler S. 135), e Ghei mi nit drum, e Niegnueg, der Hätti, der Wetti, e Kanit, e Dänkdra, e Merks Marx = ein Zeichen.

8. Von Interjectionen:

In aim hui! in aim witsch.

3. Das Adjectiv.

§. 16. Auch beim Adjectiv unterscheiden wir, wie beim Substantiv, zwei Klassen: **ergänzungsbedürftige** und **absolute**.

§. 17. Ergänzungsbedürftig sind:

1. Comparative und Superlative von Adjectiven: *i bi gresser als du; er isch gscheiter we ler alli andere; du bisch der dimmscht mensch, wo uf der wält ummelauft.*

2. Gewisse, nicht näher zu bestimmende Adjective: *bigierig, versässe, kababel* (fähig). *wärt, glustig.*

§. 18. Nicht ergänzungsbedürftig sind:

1. Stoffbezeichnungen: *helzig, steinig, isig, bleiig, glesig, blechig* etc.

2. Formbezeichnungen: *rund, eckig, spitzig, glatt, ruch* etc.

3. Negative Ausdrücke: *unmeglig, unnetig, unnuzlig, blut, nacketig* etc.

§. 19. Es finden auch Uebergänge von einer Klasse zur andern statt:

a) Relative Adjectiva werden absolut:

1. Selten ist in der Mundart die absolute Verwendung des Comparativs im Sinne von „ziemlich": *en ältere Ma.*

2. In einigen Fällen wird der Superlativ absolut gebraucht, um einen sehr hohen Grad zu bezeichnen: *e du liebsti zit! I ha die längsti Zit uf en gwartet.* Substantivirt *der Liebst, die Liebsti* = der, die Geliebte. Andere derartige Superlative werden kaum mundartlich vorkommen.

3. Uebergang von einzelnen relativen Adjectiven zu absolutem Gebrauch: *bigabt*, was jedoch kaum echt dialektisch ist, *bimüeend.*

b) Absolute werden relativ:

1. Hieher gehört die Comparation. Es sind jedoch nicht alle Adjectiva comparirbar; wenn auch das Gebiet, welches die Comparation umfasst, in der Mundart grösser ist, als in der Schriftsprache. Nicht der Steigerung fähig sind:

a) Begriffe, welche an sich schon relativ sind: *aige, wärt*;

b) Zusammengesetzte Adjectiva, zwischen deren Theilen eine Relation besteht: *massleidig, schnäderfräsig, bluetarm* etc.;

c) Adjectiva, die eine Negation oder eine Möglichkeit bezeichnen: *meglig, unnutzlig, unnetig;*

d) Stoffbezeichnungen: *goldig, silberig, isig, stainig* etc. Doch ist Comparation bei diesen Adjectiven möglich, sobald sie nicht mehr in der ganz ursprünglichen Bedeutung stehen: *dä wäg isch no vil stainiger as der ander (stainig* = voll Steine, nicht = steinern);

e) Formbezeichnungen, namentlich von Farben: *blau, schwarz, grien* etc.; doch scheut sich die Mundart nicht, auch von dieser Gruppe von Adjectiven eine Comparation vorzunehmen, wenn sie nicht ihre streng sinnliche Bedeutung haben, z. B. *runder* = mehr der Kreisform sich nähernd;

f) einzelne Adjectiva: *ganz, halb, todt, lebendig, taub, blind* u. a.

Von dem als Adverb gebrauchten *underscht* wird eine Art Comparativform *anderschter* gebildet, wohl um dem comparativen Begriffe, der in diesem Worte oft liegt, auch einen formellen Ausdruck zu geben; ein ähnlicher Grund, schärfere Hervorhebung des Begriffs der Ausschliesslichkeit, mag mitwirken bei der Superlativbildung *der aint*. Doch s. Ordinalia. Comparationen, die der Schriftsprache fremd sind, finde ich mehrere in *Seiler*: *gliner* (= eher), *rächtser, linkser, gärner, viler (Sörger ha), blutter, lämer, veller.*

§. 20. Die Adjectiva werden auf verschiedene Weise ergänzt:

1. Durch den Dativ eines Substantivs oder Pronomens: *lieb, nuzlig, kumlig, ungwon, haimelig* etc.

2. Durch einen Accusativ, namentlich bei Massbestimmungen: *brait, lang, dick, wit, alt, hoch, tief* etc. bei einigen nur prädicativ gebrauchten Adjectiven: *satt, los, schuldig, voll, gwent*. In letzterem Fall liegt ein Genetiv zu Grunde; über die Erklärung, wie der Accusativ an Stelle dieses Genetivs getreten; vgl. Paul, Prinz.[2] S. 242.

3. Durch präpositionale Ausdrücke: *gspickt mit*, *bigierig no*, *versässen uf*.

4. Durch Adverbien: *arg, famos, ferterli, ganz, gar, grisli, haillos, kaibemässig, mainaidig, recht* u. a.

Die Ergänzung sowohl positiver, als namentlich auch negativer Begriffe durch *ganz* findet sich schon bei Brant, Gengenbach, Niklaus Manuel sehr häufig.

Die nähere Bestimmung eines Adjectivs durch das Adverb *anderšt* dient als Ersatz der organischen Comparativform: *das isch anderšt schen*. Dass der Comparativ eines Adjectivs durch ein ebenfalls im Comparativ stehendes Adverb ergänzt wird, kommt selten vor: *mehr und mehr gohts hitziger und gröber her*. S. D. 3. 13.

Bei dieser Ergänzung eines Adjectivs durch ein Adverb ist oft eine merkwürdige scheinbare Angleichung der Form des Adverbs an diejenige des Adjectivs eingetreten: *e gar e liebe Bueb; der Lehrer muess e Landma si und zwor e rechte gscheite*, aber nur bei masculinen Substantiven. Im Femininum und Neutrum ist diese Angleichung nicht wahrzunehmen: *s'isch e gar e bravi Frau; mer hen e ganz e schen Hus; e so ne schen Klaid*, nie *e ganzi bravi Frau* etc., so dass ich fast eher geneigt wäre, hier eine Doppelsetzung des Artikels anzunehmen. Ich dächte mir dieselbe in der Art entstanden, dass man in der Zwischenstellung des Artikels zwischen Adverb und Adjectiv, die nur in diesen wenigen Fällen vorkam, den Artikel nicht mehr herausfühlte und ihn nun noch einmal an die sonst übliche Stelle vor das Adverb setzte. Vielleicht liesse sich die Entwickelung auch so denken, dass beim Masculinum ursprünglich eine solche Formangleichung vorlag (wie dies heute noch z. B. im Schwäbischen ganz deutlich der Fall ist), dann aber eine Doppelsetzung des Artikels empfunden wurde, worauf dieselbe nach Analogie der Beispiele beim Masculinum auch beim Femininum und Neutrum eingetreten wäre. Uebrigens finden sich auch die Form und Stellung der Schriftsprache: *e gans grosse Mensch; e gar ordligi jumpfere; e recht schen schuelhus*. Ein besonders bemerkenswerther Fall von Formangleichung findet sich bei dem Adverb *gnueg*, das in der Schriftsprache bei einem attributiv vor dem Substantiv stehenden Adjectiv gar nicht angewendet werden kann. Die Mundart hilft sich da so, dass sie das Adverb zwischen Adjectiv und Substantiv setzt, und dem Adjectiv die unflectirte, dem Adverb diejenige flectirte Form gibt, die eigentlich dem Adjectiv zukäme; also Adjectiv + Adverb gewissermassen als ein Wort behandelt und dann flectirt: *e gross gnuegi schand; e dick gnueg buech.*

§. 21. Das Adjectiv als Ergänzung: Im Allgemeinen legt das Adjectiv einem Nomen eine Ergänzung bei. Das Gebiet seiner Anwendung hat sich aber in der Mundart gegenüber dem mhd. und nhd. schriftsprachlichen Gebrauch ziemlich verengert; namentlich wird es zum Ausdruck von Besitzverhältnissen kaum verwendet. Man sagt also nicht: *s kiniglig schloss; s väterlig hus; der heimetlig bode* etc., sondern man muss die Ergänzung des Substantivs durch einen Casus mit oder ohne Präposition ausdrücken, z. B. *s schloss vom kinig, im vater si hus, der boden in der heimet* etc.

§. 22. Einzelverwendungen des Adjectivs: Die erste und älteste Verwendung des Adjectivs ist die prädicative; aus dieser hervorgegangen ist 2. die attributive und 3. diejenige als prädicatives Attribut, die namentlich stattfindet, wenn Vollverba nahezu wie Hilfsverba gebraucht werden. Beispiele für die zuletzt genannte Verwendung sind schon §. 13, 1 angeführt; hier noch einige aus älterer Zeit: Brant N. S. 33, 78 *steckt voll bschiss;* Gengenb. X alter 145: *dess laufft voll büben jetz das Land.* Heinr. v. Braunschw.: Von einem Wirth u. Gastg. S. 463: *Dann die Galga seind so voll gehinckt und die Räder lige so voll.* Ein prädicatives Adjectiv wird auch in Beziehung auf einen Objectsaccusativ gesetzt, aber nicht mehr in der Ausdehnung wie im Mhd., cf. Paul, mhd. Gr.² §. 205, hauptsächlich bei den Verben *mache, lo, finde, haisse, bringe, ribe, putze* etc.; *me bringt das Gwehr gar nimme suber; i ka das bild nit schen finde; du muesch s'Ise warm mache; er het sini Knepf schen glänzig gribe.*

§. 23. Manche Adjectiva werden überwiegend prädicativ, andere wiederum überwiegend attributiv verwendet.
1. Nur oder vorwiegend prädicativ werden gebraucht:
a) die aus Substantiven hervorgegangenen Adjectiva: *angst, laid, schuld, sturm* = betrunken;
b) ergänzungsbedürftige: *spinnefind, nutz, glustig, parad* (bereit);
c) wenige nicht ergänzungsbedürftige: *gäng und gäb, wach, satt, irr, bubligg* (öffentlich).
2. Ueberwiegend attributiv sind:
a) Stoffbezeichnungen;
b) Adjectiva auf -*isch* und *ig: franzesisch, schwizerisch, glüejig, brennig, täglig, jewilig* etc.; *hiesig* wird auch prädicativ gebraucht: *bisch au wider hiesig?*

§. 24. Uebergänge von anderen Wortklassen zu Adjectiven: Schon in §. 14, 2 haben wir gesehen, dass aus dem prädicativen Gebrauch von Substantiven sich leicht der Uebergang zu adjectivischer Verwendung derartiger Substantiva ergibt. cf. Erdmann, Grundzüge §. 46 ff.: so bei *schuld, schad, ernst, fromm;* bei den beiden letzteren ist das Gefühl für die substantivische Abstammung vollständig verloren gegangen, wenigstens werden sie ganz gewöhnlich auch attributiv verwendet; eine adjectivische Auffassung ist besonders naheliegend bei Wörtern, die eine Farbe bezeichnen: *lila, rosa, pensé, veiolet.* Die in der Schriftsprache adjectivisch verwendeten *freund, feind, grimm, licht* sind in dieser Verwendung in der Mundart nicht anzutreffen, *grimm* ist auch als Substantiv kaum dialektisch. Ebenso wenig vermag die Mundart Sätze zu bilden, wie nhd. (cf. Erdmann): *ich bin ganz ohr; er ist mehr Diplomat als Feldherr; wenn ich bube genug gewesen wäre* etc. Sie muss hier entweder den unbestimmten Artikel zum prädicativen Substantiv setzen, also jede Möglichkeit adjectivischer Auffassung ausschliessen oder überhaupt ein Adjectiv oder eine andere Umschreibung wählen.

Als eine Art Adjectivirung dürfen wir es betrachten, wenn zu einem Substantiv, welches eine Menge- oder Artbezeichnung enthält, ein anderes Substantiv, statt in einem zu erwartenden Genetiv oder Accusativ, in demselben Casus als Ergänzung hinzutritt, in dem die Quantitätsbezeichnung steht, so dass diese also adjectivisch erscheint: *an e dail orte hets das jor gar e kaini epfel gä; sust seit me der Gattig Pfiflene Meerschum* (Hebel 1, 7); ebenso *unser gattigs, e huffe, vil.*

2. Ebenso haben wir schon oben gesehen, dass bei der prädicativen und attributiven Setzung eines Adverbs zu einem Substantiv der Schritt zu völlig adjectivischem Gebrauch desselben nur noch ein kleiner ist; cf. Erdmann, Grundzüge §. 47: *er isch do; das hus isch zue; dä stuel het e bai ab; Gottlob, dass i das ab bi; der Franzsepp haig d'Axlen us; s'Essen ob ha.* Fortsetzung eines schon ahd. Gebrauches liegt vor in dieser Verwendung von *dron* = *der âne* : *ma ka gar ordeli dron si*, neben adverbiellem *me mues es halt dron mache;* erst nhd. Bildung ist *zfride, vorhande;* die Compositionen mit *-weise* sind nicht dialektisch. Die attributive Setzung von flectirten Formen von Adverbien kommt in der Mundart ziemlich häufig, wenn auch nicht regelmässig vor, so von *ab, hi, zue* etc. *e zues fenster, en abe stil.* Ganz gewöhnlich ist die prädicative Verwendung von *ab, hi, fir, inn, uf, zue, unterobsi, überzwerch.* (Nicht selten werden aus diesen Adverbien vermittelst Ableitungssilben Adjectiva gebildet, z. B. *hinig* [zerbrochen], *firig* oder *forig* [übrig].)

3. Auch von Interjectionen findet sich adjectivisch prädicative Anwendung: *von ussen isch si grisli hui, von innen aber isch si pfui;* wozu Seiler S. 169 bemerkt: „Nach dem Zusammenhang heisst *hui* aufgeputzt, *pfui* nachlässig, unreinlich; mir sonst unbekannt"! oder *das isch ä* in der Kindersprache, indem man auf etwas Unsauberes hinweist.

§. 25. Ueber die Substantivirung von Adjectiven cf. §.15,1. Nicht Substantivirung eines Adjectivs, sondern Ellipse des Substantivs liegt vor in Redensarten, wie *e guete* (scil. Appetit), *aim die letzti gä* (etwa *husche* zu ergänzen, letzteres so nach dem heutigen Sprachgefühl; ursprünglich aber *die letze geben* = den Abschiedstrunk reichen, s. D. W. B. 6, 798.

4. Adverb.

§. 26. Das Adverb dient zur Ergänzung von Verben, Adjectiven (cf. §. 20, 4) und Substantiven (cf. §. 13, 3). Es kann selbst nur wieder durch Adverbien ergänzt werden. Der bei weitem vorherrschende Gebrauch ist derjenige zur Ergänzung von Verben. Beispiele dafür sind überflüssig.

§. 27. Den Uebergang des Adverbs zum Adjectiv bildet die prädicative Anwendung desselben beim Verb *sî*. Vgl. zum Folgenden Erdmann, Grundzüge §. 111 ff.

Ganz gewöhnlich sind Adverbia, welche die Ruhe an einem Orte ausdrücken, mit *sî* prädicativ verbunden: *do, dert, dinne, dusse, dobe, dunte, drunder, dra, druf, devorne, dehinte sî*. Eine ganz eigenthümliche Verwendung von *ab sî* = los sein, findet sich schon bei Gengenbach, 3 Christen 533: *wie wol wir sin gern ab wären*.

Die attributive Verbindung eines localen Adverbs mit einem Substantiv ist schon im Ahd. zu belegen; nhd. und besonders im Dialekt ist dieser Gebrauch sehr ausgedehnt; dabei darf das locale Adverb nicht nur hinter, sondern auch vor dem Substantiv stehen; z. B. *do dä ma, dert das Kind*.

§. 28. Adverbien, welche eine Bewegung von oder nach einem Orte bezeichnen, können in gleicher Weise mit *sî* sich verbinden; *er isch grad use; sind si scho hintere?; der winter isch umme; i bi ine; mer sin furt; zwei Mol isch d'Lehne zsämmekracht und isch in Rhistrom abe*, B. P. 45 (den Adverbien entsprechend werden auch Präpositionalverbindungen so gebraucht: *er isch dur d'Luft*).

Aber nicht nur zu dem Verb *sî*, sondern auch zu andern Verben, welche an und für sich keine Bewegung ausdrücken, werden Adverbia in dieser Weise gesetzt. Eine Ellipse eines Verbs der Bewegung anzunehmen, ist nicht nöthig; die Vorstellung der vollzogenen Bewegung ist im Adverb genügend stark ausgedrückt, so dass man keines Verbs mehr bedarf. Verben, bei welchen Adverbien in dieser Verbindung stehen, sind: *lo, derfe, kenne, mege, miese, solle, welle. Darf i gschwind abe? Witt mit ufe? Er het in abe glo.* cf. Paul, mhd. Gr.² §. 322: *wir mügen zuo einander niht, du muost ûf den sê;* ebenso im Englischen cf. Mätzner, engl. Synt. II, 50: **thou shalt back to France; you must to Pomfret; let us across the country.**

Ein ähnlicher Fall ist die Verbindung von intransitiven, ein Lautgeben bezeichnenden Verben mit einem Adverb der Bewegung: *Jetz brutled er abe go Rinau*, Hebel 2, 246.

Anmerkung: Bei den zusammengesetzten Ortsadverbien unterscheidet die Mundart gewöhnlich nicht, wie die Schriftsprache das thut, zwischen solchen, die eine Bewegung nach einem Orte, und solchen, die eine Bewegung von einem Orte her ausdrücken, sondern setzt für beide Beziehungen dasselbe: *abe* = herab und hinab; *ufe* = herauf und hinauf; *use* = heraus, hinaus; *umme* = herum, hinum; *ibere* = herüber und hinüber etc. Die Unterscheidung liegt also entweder allein im Verb, zu dem diese Adverbien die Ergänzung bilden, also dem Unterschied zwischen *go* und *ko* entsprechend, oder aber bei Verben, welche in dieser Hinsicht zweideutig sind, ergibt sich die Verschiedenheit aus dem Standpunkt des Redenden im Verhältniss zu dem des Besprochenen.

§. 29. Die Ergänzung eines Substantivs durch diese zweite Art von Adverbien ist möglich, aber seltener als bei der ersteren.

§. 30. Ohne Verbum stehen Adverbia (und Präpositionalverbindungen) besonders in Heischesätzen: *zrugg! ewäg! ine! use! furt! abe! vorwärts!* cf. englisch *back! away!* Mätzner II, 49.

Dabei hängt dann oft ein obliquer Casus von diesen Adverbien ab, nach Analogie einer Verbalconstruction, ganz besonders häufig ist die Verbindung mit der Präposition *mit*; veranlasst durch die Analogie mit Constructionen von *go, ko, werfe, haue* etc., cf. Erdmann, Grundzüge §. 116; *use mit im! ab em tisch mit de hände! ewäg mit dem zigs! furt mit däne kärli!* cf. §. 8.

§. 31. Prädicativer oder adnominativer Gebrauch von Temporaladverbien ist im Ganzen seltener: *du hättsch die fraid derno* (= die darauf folgende Freude) *sê solle*. *Isch das konzert gestert* (= das gestrige Concert) *schen gsi?* Dass hier adnominativer Gebrauch des Adverbs vorliegt, ergibt sich aus der Satzbetonung, indem Subst. + Adv. in einem Athem gesprochen werden, während bei selbständigem Gebrauch des Adverbs eine kleine Pause nach dem Substantiv eintreten müsste.

§. 32. Ganz gewöhnlich und beliebt ist in der Mundart die prädicative und adnominative Verwendung von qualitativ bestimmenden Adverbien, cf. §. 13, 3 und §. 24, 2; dahin gehört auch noch: *er isch rächts, links* = die rechte, die linke Hand gebrauchend; cf. Erdmann, Grundzüge §. 118.

§. 33. Ueber die Ergänzung von Adjectiven durch Adverbien vergleiche man das in §. 20, 4 Gesagte und Erdmann, Grundzüge §. 119.

§. 34. Für die Ergänzung eines Adverbs durch ein anderes Adverb, die ganz in derselben Weise stattfindet, wie in der Schriftsprache, sind Beispiele wohl überflüssig. Zu bemerken bleibt nur, dass die Zusammensetzung des Adverbs *hie* mit den Adverbien *an, uf, iber* etc. in der Mundart nicht vorkommt, da *hie* nur in der Bedeutung „in hiesiger Stadt oder Gegend" gebraucht wird; ebenso fehlen die Zusammensetzungen von *do* mit diesem Adverb, wenn der Hauptton auf *do* liegen würde; also kein *dora, domit, dodur, doruf* etc., nur *dorum* = desshalb; man setzt vielmehr statt dessen das Neutrum des Pronomens *dä* mit der entsprechenden Präposition: *an däm, mit däm, dur das, uf das* etc. Ist hingegen *do* nicht betont, so findet sich die Zusammensetzung: *dra, dri, drin, druf, drus, dermit, derno, derzue, dusse, dinne, däne, dobe* etc. Adverbiell steht so auch noch, abweichend von der Schriftsprache, *zwische: zwischen abe, zwischen ine* ... Das Frageadverb *wo* verbindet sich mit *ane, her, um* zu *woane, woher, worum* = wesshalb, jedoch nicht mit andern, also nicht *wodur, wofir, womit*, also nicht mit solchen Adverbien, die zugleich Präpositionen sind. Die Zusammensetzungen *woane* und *woher* sind aber nicht so fest, dass sie nicht getrennt werden könnten; es ist sogar in der Mundart gewöhnlicher, *wo* an den Anfang des Satzes zu stellen und es durch das Verbum von *ane* oder *her* zu trennen: *wo gosch ane? wo kemen er her?* Ferner ist zu bemerken, dass bei derartigen Zusammensetzungen diejenigen nicht zu finden sind, in denen nhd. *hin* und *her* als erstes Glied der Composition auftreten; nicht *hinus, herab,* sondern *use, abe, ine,* wofür Gengenbach *ussher, abher* etc. schreibt, was zu seiner Zeit aber kaum so gesprochen wurde.

§. 35. Die Entstehung der Adverbien ist eine verschiedene:

1. Die Adverbien sind Casus eines Nomens oder Pronomens, von denen das übrige Paradigma verloren gegangen ist oder bei denen der Zusammenhang mit demselben nicht mehr gefühlt wird. Die Erstarrung ist in vielen Fällen schon in so früher Zeit erfolgt, dass eine Erklärung sehr schwierig ist;

2. sind die Adverbien aus verbalen Formen oder aus ganzen Sätzen entstanden.

§. 36. Die casuellen Adverbien können ausgehen von Substantiven, Adjectiven und Pronominen der verschiedensten Casus:

1. a) Genetiv von Substantiven: *aisdails, aismols, aiswägs (absits), hittigsdags, rings, efangs, mis Bhalts;* doch ist mir zweifelhaft, ob dieselben alle echt dialektisch sind; sicher ist dies nicht der Fall bei *dissits, jensits, teils, flugs, spornstreichs;*

b) Dativ: *morn, jewile, nächte;*

c) instrumental: *hinecht, hite.* Wie das *e* in *hite* zu erklären ist, ist zweifelhaft. Mhd. *hiute* müsste lautgesetzlich zu *hit* geworden sein, was auch vorkommt. Vielleicht ist das *e* unter Einfluss von *nächte* angetreten, mit dem es oft in gegensätzlicher Verbindung erscheinen mochte; dasselbe *e* findet sich in *dehaime* neben *dehaim* (*emole* neben *emol*);

d) Accusativ: *haim;* Substantiv + Adjectiv: *allewil, allibott, allwäg, allwä* (= sicherlich), *ämmel* (= wenigstens) < *ein mal;*

e) präpositionale Ausdrücke: *zämme, hinterrucks, underdags, ewäg, zrugg, underwägs, ibermorn, zringsedum, zendum, zmize, zwor.*

2. a) Genetiv von Adjectiven: *rächts, links, bsunders, biraits* (= beinahe), *anderst, mengist, vergäbez;*

b) Accusativ: *witers, als* (immer, jeweils) *gnueg, sider, färn, gestert;*

c) unbekannter Casus in den alten Adverbien: *scho, fast, kum, schier, bald, oft, vergäbe, aber* (= wieder) noch in einzelnen Redensarten *fir nit und aber nit.*

Fast adverbial aufzufassen ist auch die erstarrte Nominativform *halber*, nicht nur auf Masculina, sondern auch auf Feminina und Neutra im Singular und Plural bezogen: *es isch halber zwelfi, mir sin erst halber ferig, i drau im numme halber,* in abgeschwächter Bedeutung = fast: *i has halber im sinn gha, es wird aim halber angst.*

Die nhd. Adverbien *erstens, zweitens* sind nicht mundartlich, dringen aber allmählich aus der Schriftsprache ein.

Adjectiva mit Präpositionen: *zvorderst, zhinterst, zoberst, näbe, iberal, zwider, zletzt.*

3. a) Genetiv von Pronomen: *mengist < menges, einist* (mhd. *eines*), eine Form, die, wenn überhaupt von Stadtbaslern gebraucht, aus andern Dialekten eingedrungen zu sein scheint;

b) unerklärliche Formen: *so, wo, do, hie, eppe < etewâ, ächt < eht, eckorodo; no, niene, numme < niwan.*

§. 37. Seltener sind Adverbien, welche aus Verbalformen oder ganzen Sätzen hervorgegangen sind: 1. Sing.: *dänk, dänk wol;* 3. Sing.: *nur < newaere* (echt dial. *numme*).

Ferner erkläre ich mir aus einer Verbalform das adverbial gebrauchte *áfo, efánge*. Die Erklärung des schweizerischen Idiotikons, dass wir es hier mit einer ursprünglichen Genetivform des Particip Präsens *anfangendes* zu thun haben, ist mir sehr unwahrscheinlich, da einmal, wie dies im Idiotikon selbst zugegeben wird, die schon in früher Zeit beinahe ausschliesslich vorkommende Form *anfange*, neben der *anfangens* verschwindend ist, dagegen spricht und ferner nach meiner Ueberzeugung ein lautgesetzlicher Abfall des *nds*, wie das Idiotikon zu meinen scheint, eine Unmöglichkeit wäre; es müsste die Form *anfangeds* oder vielleicht *anfangis* daraus hervorgegangen sein. Ich meine vielmehr, wir haben *efánge* als einen ursprünglichen Infinitiv aufzufassen, der, nach einem modalen Hilfsverb stehend und selbst wieder durch einen blossen Infinitiv ergänzt, ganz leicht den Eindruck eines Adverbs machen konnte und so den Anlass gab zu weiterer Verwendung auch in Fällen, wo kein Infinitiv möglich ist: *i will efange go;* weiter in: *er isch efangen* oder *afen alt; s'isch erst efangen ain do.* Den Wechsel der Betonung von *áfange* zu *efánge* erkläre ich mir aus der relativen Unbetontheit des Infinitivs vor dem davon abhängigen Infinitiv, der den Hauptbegriff des Satzes enthält und desswegen stärkeren Ton trägt: *mer wän afangen esse;* auch wenn das *afange* noch ganz als Infinitiv gefühlt wird, ist die Betonung eine schwebende.

Zum Adverb erstarrt sind ganze Sätze namentlich in lebhafter Erzählung[1]): *Furt iber Hals und Kopf sind sie gloffe; was gisch (mer); was hesch (mer); und handkerum ischs wider anderst. In d'Husemer Matte schiessts und d'Legi ab mit grosse Schritte go Farnau, laufsch mer nit, se gilts mer nit, ins Schopfemer Chilspel,* Hebel 2, 137. *S'isch waiss Gott nimme zuem ushalte; s wird mer wills Gott au e Grab bschert si. Jetz waissi die Zal nit; waiss si ka si* (= kann sein, vielleicht) *ais fon eich? naime* < *ne weiz wâ* = irgend wo.

Von der Negation.

§. 38. Die im Mhd. zur Negation eines Begriffes dienende Partikel *ne, en* ist in der Mundart in selbständiger Verwendung verschwunden; an ihre Stelle ist die ursprüngliche accusative Ergänzung *nit* < *niht* getreten; vom neutralen *nit* = *nichts* unterscheidet sie sich durch die Qualität des Vocals, indem ersteres offenes, letzteres geschlossenes *i* aufweist. Die Negationspartikel *ne* findet sich noch in den erstarrten Zusammensetzungen *nie, niemez, naime* < *ne weiz wâ, niene, nimme, nai.*

---

[1]) Anm.: Zur Erklärung dieser Erscheinung vgl. den Vortrag von Prof. J. Wackernagel auf der Züricher Philologenversammlung 1887.

§. 39. Die Negation kann verstärkt werden durch andere Adverbia wie *gar, abselut, partu, häl, rain* etc. und besonders durch *ganz* entsprechend nhd. *ganz und gar*: *ganz nit, ganz nie, ganz kai*, eine Art der Ergänzung, für welche sich in Urkunden des 15. Jahrhunderts, bei Brant, Gengenbach, Niklaus Manuel eine Menge Beispiele finden.

§. 40. Eine zweite Art der Ergänzung ist diejenige durch den Accusativ eines Substantivs, welches etwas Unbedeutendes ausdrückt (cf. Paul, mhd. Gr. §. 313, Grimm 3, 728): *nit e bone, e bizli, e dipfli, e hor, e herli, e spur, e funke, en idee, e dräk* u. s. w., cf. franz. *ne pas, ne point*.

§. 41. Bei diesen Wörtern wird dann manchmal keine Negationspartikel gesetzt, so dass sie dann selbst, ohne jene, negirend wirken; ähnlich im französischen *pas*: So ist ja auch *nit* aus der Accusativergänzung *niht* hervorgegangen, worin allerdings selbst noch die Negation enthalten ist, man vergleiche aber schwäbisch *it* = nicht; oder so *dräk = du waisch e dräk dervo* = du weisst gar nichts, besonders in der Verbindung *jo dräk* = ganz und gar nicht: *jo dräk gosch du gɔ tanze*.

§. 42. In Bezug auf die syntaktische Verwendung der Negation selbst ist ein Hauptunterschied der Mundart gegenüber der heutigen Schriftsprache hervorzuheben. Der Dialekt hat die alte deutsche Art der Häufung negativer Begriffe, ohne dass durch dieselbe die Negation aufgehoben würde (cf. Paul, mhd. Gr.² §. 312), gewahrt, während die Schriftsprache wohl unter dem Einfluss des Latein dem Grundsatz *duplex negatio affirmat* sich unterworfen hat, cf. Miklosich 4, 190; Grimm 3, 727.

Dabei ist zu bemerken, dass die negativen Adverbia *nie, niene, niemez* immer vor den anderen negativen Begriffen stehen. Auch ist dem älteren Sprachgebrauch und anderen heutigen Dialekten, z. B. dem Schwäbischen gegenüber, die Einschränkung zu machen, dass eine derartige Häufung von negativen Begriffen nur dann stattfinden kann, wenn keiner davon die Partikel *nit* ist; also nicht *das han i jetz no nie nit ghert*;

das glaubt niemez nit; kai Geld isch nit do; hier müsste baslerisch das *nit* wegbleiben. *Denn vome Gheimniss isch no nie kai Mensch verpfupft; i ha nie kain gse; het e kain e kai Mässer gfunde? s het nie niemez nit gsait; s'isch niene nit me,* vgl. Gengenbach, welsch Fluss 10: *der tütsch kain acht des endts nit hab.* Buntschu 19: *Unghorsamkeit det nie kein gut.* 5 Juden 388: *so soll niemandt kein falsch gezeugnüss gäben;* Novelle 695: *der pfarrer sprach, red keir kein wort.*

§. 43. Mit einer doppelten Negation affirmativen Sinn zu bezwecken, ist zu sehr eine Sache reiner Abstraction, als dass dies in der Mundart, die überhaupt zum Ausdruck von Abstractem nicht besonders geeignet ist, heimisch sein könnte.

§. 44. Oft begegnet man Fragesätzen in negativer Form, die gleichbedeutend sind mit affirmativen Aussagesätzen: *hän er nit erst eso ne Gschicht gha?* Wohl von da aus dringt die negative Form auch in Ausrufe ein, wo dann die Negation ebenso gut fehlen kann: *isch das nit e Wätter! Wie mengi Stund han i nit am Anfang scho ufs End blangt! Wie meng mol hämmer nit d'Lehrer halber dubedänzig gmacht! Luey, wie frintlig isch das plätzli nit!* Vielleicht nach Analogie derartiger Ausrufe auch in relativen oder indirekt fragenden Sätzen: *me ka gar nit sage, was me nit alles gse ka dert,* cf. Siede S. 61: *impossible de dire tout ce qui n'a pas été chanté!*

§. 45. Statt der Negationspartikel *nit* kann nach einem Substantiv, das ohne Artikel als Subject oder Object fungirt, das Pronomen *kai* appositiv gebraucht werden: *Geld isch kais do; laidzirkelar werde kaini verschickt! gemse häm mer uf unserem wäg e kaini atroffe.*

§. 46. Eine eigenthümliche, vom Standpunkt der Schriftsprache aus überflüssig erscheinende Verwendung der Negationspartikel findet im Vergleichungssatze statt nach den Vergleichungspartikeln *as, weder: I kan alles eender lide, weder das nit; s ganz übrig jor as numme dä dag nit; i waiss alles weder das nit.* Man kann sich derartige Constructionen vielleicht als Contamination erklären, z. B. aus: *I kan alles eender lide, weder das* und *I kan alles lide, numme das nit.*

5. Die Präposition.

§. 47. Wir unterscheiden zunächst echte und unechte Präpositionen, cf. Miklosich 4, 196; die ersteren dienen zur Bezeichnung von Verhältnissen, die letzteren haben daneben noch etwas Materielles auszudrücken; die ersteren sind meist dunklen Ursprungs, die letzteren fast alle aus Nomina hervorgegangen. Die echten Präpositionen können ursprünglich alle auch adverbiell gebraucht werden; heute ist das bei den meisten fast nur noch in Zusammensetzungen mit anderen Adverbien, z. B. *derbi, dervor, dra* etc. oder in trennbaren Compositionen mit Verben der Fall; den unechten Präpositionen ist eine derartige adverbielle Verwendung, ausser in Zusammensetzungen mit *der (< dar)*, fremd: *dernäbe, derno, derwäge, dergege*.

§. 48. Mehrere der echten Präpositionen haben unter dem Einfluss der Verschiedenheit in der Betonung Doppelformen entwickelt, indem in der wirklich präpositionalen Verwendung die Gestalt des Wortes reducirt wird, ausser wenn im Gegensatz zu einer andern Präposition der Ton darauf ruht: *zue* neben *ze, z; a, an, î-in, bî-bi, ûs-us, dûr-dur, vôr-vor, fîr-fir, îber-iber*.

§. 49. Die echten Präpositionen sind folgende; *ab, an, bi, dur, fir, mit, ob, ohni, vo, vor, uf, um, us, sit, zue (z), iber, hinter, unter;* abgeleitet sind: *gege, nô* = nach, *mitsant, sider, zwische, näbe, wäge, hiehär* = diesseits, *innert, anstatt, lut, trotz.*

§. 50. Ursprünglich dienten die Präpositionen nur dazu, die Bedeutung der Casus, denen sie beigesetzt wurden, schärfer hervortreten zu lassen; der Casus konnte ohne dieselbe den gleichen Sinn ausdrücken, wie mit ihr. Vom heutigen Standpunkt aus muss man aber sagen, dass der Casus von der Präposition abhängig sei, zumal bei den aus Substantiven abgeleiteten, cf. Erdmann, Grundzüge §. 123. Wir unterscheiden Präpositionen, welche nur 1. mit einem Casus oder 2. mit verschiedenen Casus verbunden werden können.

§. 51. a) Nur mit dem Dativ werden verbunden: *ab, bi,*

mit, ob, vo, us, zue, z, hiehär, sider, innert, sit, no, wäge, sant, lut, trotz, anstatt;

b) nur mit dem Accusativ: *dur, ôni, um, fir;*

c) mit Dativ und Accusativ: *an, in, uf, vor, iber, hinter, unter, näbe, zwische, gege.*

Zur Erklärung der Beschränkung auf gewisse Casus cf. Erdmann, Grundzüge §. 123. Diejenigen Präpositionen, welche zwei Casus bei sich haben können, nehmen im Allgemeinen den Dativ zu sich, wenn es sich um die Ruhe an einem Ort oder die Entfernung von einem Ort handelt, den Accusativ, wenn der Zielpunkt einer Bewegung angegeben werden soll.

Besonders bei jüngeren Präpositionen ist die Wahl der Casus unter dem Einfluss der selbständigen Bedeutung der Partikel erfolgt: *no* = nach < nahe etc.; bei *näbe* ist der Accusativ eingetreten zur Bezeichnung des Zieles.

Wenn im heutigen Dialekt bei *gege* neben dem noch mhd. allein möglichen Dativ auch der Accusativ vorkommt, so ist dies jedenfalls dem Einfluss der Schriftsprache zuzuschreiben.

Dass bei *lut, trotz, anstatt, wäge* statt des zu erwartenden Genetivs ein Dativ steht, lässt sich vielleicht dadurch erklären, dass der Dativ, wie er auch sonst z. B im possessiven Verhältniss den untergegangenen Genetiv ersetzte, so bei diesen Präpositionen eingetreten wäre. Dazu mag noch der Umstand beigetragen haben, dass es Constructionen geben konnte, wo jene Substantiva in Verbindung mit dem Verb eine dativische Ergänzung zu sich nahmen, wonach dann der Dativ sich auch bei präpositionalem Gebrauch des Substantivs eingestellt hätte.

Anmerkung 1. Scheinbar steht manchmal ein Nominativ oder Accusativ bei *anstatt: er het mi buech mitgno anstatt sis; do isch der klainst vorne anstatt der grest.* Hier wird eine Constructionsmischung anzunehmen sein, aus *anstatt mim* und *und nit sis*, oder *anstatt em greste* und *und nit der grest*, so dass die zweiten Objecte und Subjecte nicht von der Präposition abhängen, sondern direkt dem ersten Object oder Subject gleich stehen.

Anmerkung 2. Die Präpositionen, welche zwei Casus bei

sich haben können, werden manchmal mit dem Accusativ als Ziel einer Bewegung zu einem Verbum gesetzt, welches an und für sich gar keine Bewegung ausdrückt: *er versorgt si Bürste in si Gurt*, B. P. 406.

§. 52. Der Mundart ist es möglich, zwei Präpositionen nebeneinander zu stellen, um ein mehrfaches Verhältniss zu bezeichnen; die Verbindung der zweiten Präposition mit dem Nomen wird dann als Einheit aufgefasst und demgemäss wieder mit einer andern Präposition verbunden. Die Erscheinung ist jedoch nicht so ausgedehnt, wie z. B. im Englischen oder Französischen; häufig ist sie nur, wenn das Hauptverhältniss durch *fir* ausgedrückt wird: *fir z Nacht, fir z Obe; i bhalts fir uf Basel; er wartet uf Zit und Weg fir zue de Mise; das wämmer verspare bis no nem neijor; das isch von änen am Rhi.*

§. 53. Ebenso kann die Mundart ganze Conjunctionalsätze durch Vorsetzen einer Präposition dem Verbum des Hauptsatzes als Ergänzung beitreten lassen: *i ha der das gsait, fir dass de eso ungattig gsi bisch; mer wänd is das merke, fir wenn er wieder kunnt; er isch bi mer blibe, bis wo ner verraist isch; und numme gäbeled het er gege wiener sunst gspunne het trotz ime drescher; er isch ganz abeko gege wiener friener gsi isch;* cf. Siede, S. 66: *Je vous parle de quand ils ont commencé à faire bâtir.*

§. 54. Um die Art des präpositionalen Verhältnisses recht deutlich zu bezeichnen, tritt oft hinter die Präpositionalverbindung ein gleichartiges Adverb verstärkend hinzu: *I han in am Schreien a kennt; me het in durs ganz Hus dure ghert; schlief in das loch ine* etc., besonders nach der Verbindung mit *zue* behufs näherer Angabe der Richtung einer Bewegung: *zem hus us, zer tiren i.*

Adverbien, nicht Präpositionen sind die Partikeln *u, ab, no, uf*, wenn sie zur näheren Bestimmung hinter dem Substantiv stehen: *allem a* = nach allem zu schliessen, *mir a* = meinetwegen, *der berg uf, s tal ab, der iseban no;* denn ganz entsprechend sind die Adverbien: *d nacht dure, der gang hintere, der stross noche* etc.

§. 55. Es bleibt uns noch einiges über den adnominativen Gebrauch der Präpositionen zu sagen; derselbe ist ursprünglich immer demjenigen bei Verben analog, cf. Erdmann, Grundzüge §. 124: *der Ma ohni Kopf, die Frau mit em Korb; s Geld fir das Buech, das Loch in Strumpf, e Schränz dur der Fane* u. ä. Vielleicht auf französischen Einfluss zurückzuführen ist die Verbindung durch *von* in Beispielen wie: *das isch e dier von ere Rosette, das isch en esel von eme schriber; die kue von eme direkter* etc., doch findet sich diese Construction auch in der westfälischen Volkssprache: *blage van en jungen; labbek van en jungen, klüngel van en kääl,* cf. Jellinghaus, Z. Z. 16, 88 ff.

Besonders bemerkenswerth ist die präpositionale Umschreibung des beim Nomen wenigstens ganz verlorenen Genetivs, an dessen Stelle Präpositionalverbindung mit *von* tritt: *das kind vo däm ma; der vater vo däne maitli; d'hechi vo däm bärg, s end vom lied, am afang vo der stross.*

Es könnte scheinen, als ob oft ebenso eine Umschreibung des Dativs durch die Präpositionen *in* oder *an* vorliege, wenn es heisst: *er hets im vater gsait, das hämmer in der mueter gä.* Wir haben es hier ursprünglich mit der gekürzten Form *m* des bestimmten Artikels des Masculinums und Neutrums zu thun, das *m* hat sich dann zu *im* (einzelne sprechen auch *am*) entwickelt. Das Sprachgefühl fasst dann dieses *im* wirklich als Contraction von *in dem* und bildet darnach, allerdings nur selten, analogisch auch einen Dativ des Femininums; *in der frau.* Dass es nicht Präpositionsverbindung ist, scheint mir eben aus der Seltenheit dieser Ausdrucksweise beim Dativ Feminini und aus dem absoluten Fehlen derselben bei allen Dativen des Plural mit Sicherheit hervorzugehen.

Ebenso wenig ist es nöthig, beim unbestimmten Artikel eine Umschreibung durch *in* anzunehmen. Die Formen sind für Masculinum und Neutrum *ime* oder *imene,* für das Femininum *ere* oder *inere; ime, ere* ist aus mhd. *eime, eire* hervorgegangen; *imene* und *inere* können direkte lautliche Entwickelung aus *eineme, einere* sein unter dem Einfluss der Unbetontheit dieser Formen, welche auch die Umstellung von *m* und *n* in *imene* erklären würde. Dass zwei verschiedene Entwickelungen neben einander bestehen, könnte in verschiedener Stärke der Betonung in verschiedener Stellung seinen Grund haben.

§. 56. Was die Wiederholung der Präposition bei mehreren (durch eine Conjunction mit einander verbundenen) Substantiven anbelangt, so gelten im Allgemeinen dieselben Regeln wie in der Schriftsprache; jedoch scheint sich die Mundart der letzteren gegenüber in den Fällen, wo eine Wiederholung möglich, aber nicht nöthig ist, durch eine gewisse Vorliebe für dieselbe auszuzeichnen; besonders bemerkenswerth ist dies bei der Präposition *zwische*, wo die Wiederholung eigentlich einen Verstoss gegen die Logik in sich birgt: *es isch ekai grossen Unterschied zwischen im und zwische mir.*

6. Das Pronomen.

I. Zählende Pronomina.

a) Die eigentlichen Zahlwörter.

§. 57. In der syntaktischen Anwendung der Cardinalia und der Ordinalia weicht die Mundart von der Schriftsprache nicht wesentlich ab. Was der Gebrauch flectirter und unflectirter Formen und der Numeri, wo mehrere Verschiedenheiten sich finden, Besonderes aufweist, wird im zweiten Abschnitt, in der Lehre von den Wortformen, zur Sprache kommen. Zu merken ist, dass sehr häufig *ain* betont adjectivisch im Sinne von „einzig gross" gebraucht wird: *er isch in ainer Angst ko z springe; in ainer Ufregig si; mer sind in ainer Däubi gsi.* Es wird diese Verwendung vielleicht von Fällen ausgegangen sein, wo *ain* im Sinne von „einzig" bei einem prädicativen Substantiv stand: *s'isch alles ai See gsi* und ähnlichen; oder sollte hier noch ein Rest des mhd. Gebrauchs von *ein =* ein besonderer vorhanden sein?

ain = ein und dasselbe, eine Verbindung, welche der Mundart fremd ist, liegt vor in den Redensarten: *s'isch mir ai due; 's isch ais* = es ist gleichgültig: *(er blost allewil in ai loch ine)*.

Die Verbindung des neutralen *ain* mit Präpositionen, wie z. B. nhd. *überein*, kennt die Mundart nicht ausser *in aim furt*.

Die Cardinalzahl *ain* tritt auch über in die Klasse der Indefinita, s. diese.

Bei den Ordinalzahlen ist zu erwähnen die merkwürdige Verbindung mit *sälb: sälb zweit; sälb dritt;* was eigentlich so viel ist als etwas thun, wobei man selbst der Zweite, Dritte ist. Neben *sälb zweit* kommt noch häufig die Verbindung mit dem alten Ordinale *ander* vor, *sälbander*, was schliesslich nach Seiler S. 248 auch von einem einzigen humoristisch gebraucht werden kann: *er isch sälbander* = er ist betrunken.

Erinnert sei ferner an *aint*, scheinbare Ordinalbildung zu *ain;* die eigentliche Ordinalzahl lautet *erst*. Die Form *aint* mag vielleicht ihre Entstehung einer gewissen Beeinflussung durch das auch ordinal gebrauchte *ander* verdanken, als dessen Correlat sie meist auftritt; *aint* hat immer den bestimmten Artikel bei sich.

b) Der unbestimmte Artikel.

§. 58. Die ursprünglich fast nur substantivisch gebrauchte Cardinalzahl *ain* kann attributiv bei einem Nomen stehen, wenn ein Gegensatz ausgedrückt werden soll, erst in späterer Zeit auch sonst; aus der letzteren Verwendung ist der unbestimmte Artikel hervorgegangen. Diesem Hergang entsprechen die Verhältnisse in der heutigen Mundart noch ziemlich genau; als Cardinalzahl attributiv gebraucht wird *ain* nur bei Gegensätzen; da *ain* dann den Ton hat, bleibt die volle Form gewahrt. Der unbestimmte Artikel hingegen ist tonlos, infolge dessen die volle Form reducirt zu *e* im Nominativ für alle drei Geschlechter, *ime, imene, ere, inere* im Dativ.

§. 59. Der unbestimmte Artikel fehlt bei Substantiven, welche Stoffmassen bezeichnen und bei Abstracten, cf. Erdmann. Grundzüge §. 14. Diese Begriffe lassen sich nicht individualisiren: *me het dert Gold gfunde; Ise hebt länger as Holz; es isch numme Gspass; es kunnt Bricht driber.* Es scheint gegen diese Regel zu sprechen, dass man sagen kann: *bringe Sie mir e Bier, e Schnaps, e Brot.* Es ist kaum anzunehmen, dass in diesen Beispielen der mhd. Gebrauch des unbestimmten Artikels vor Stoffnamen zu Quantitätsbezeichnungen noch erhalten sei, während dies im bairisch-österreichischen Dialekt der Fall ist; cf. Tomanez, Anz. f. d. A. XIV, 14. Eher scheint eine Ellipse vorzuliegen; denn diese Verwendung des unbestimmten Artikels beschränkt sich auf ganz wenige commandoartige Worte, bei denen das Streben nach Kürze die Unterdrückung des die Quantität bezeichnenden Substantivs zur Folge haben konnte.

§. 60. Bei den übrigen Substantiven dient der unbestimmte Artikel, wie in der Schriftsprache, zur Individualisirung, cf. Erdmann, Grundzüge §. 14: „zur Aussonderung von Gegenständen, Vorgängen, Eigenschaften, die mit individueller Verschiedenheit der einzelnen Fälle mehrfach oder wiederholt vorgestellt werden können: *es isch emol e Misli ysi; er het en alte Ma atroffe; er het e Bordrett gmolt gha vomene Bankier* etc.

§. 61. Während es mhd. (und vielleicht auch noch bei Gengenbach, cf. 5 Juden 536: *hub jr das lied zun eren gmacht?*) noch möglich war, den unbestimmten Artikel zu einem Substantiv im Plural zu setzen, ist dies in der heutigen Mundart nicht mehr der Fall. Scheinbar haben wir allerdings noch Beispiele dafür: *es stehnd e stucker sächs wägen uf der stross; es sind e jurte fimf, non e jore sibe;* Constructionen, die nur bei Raum- oder Zeitmasse bestimmenden Substantiven möglich sind. Diese ungefähren Zahlangaben können auch durch die mit dem unbestimmten Artikel dem Substantiv vorausgestellte Zahl ausgedrückt werden: *e zwanzig Jehrli sind e scheeni Zyt,* S. D. 3, 20 (eine fernere Art ist die Ergänzung der Cardinalzahl durch *eso* < *also*: *es werden eso zwanzig Lit do gsi si; die Kiste ist eso fufzeh Pfund schwer*); dieselbe

Ausdrucksweise findet sich auch in anderen Dialekten, cf. Jellinghaus, Z. Z. 16, 88 ff.: *wiägen ne fettig oder füftig daler geld; wi hebb al en 20 bäume dal krigen; san twei oder drei hunnert*. Es ist wahrscheinlich, dass wir es im ersten Fall, *e stucker sächs*, gar nicht mit einem pluralen Substantiv zu thun haben, sondern dass hier die Construction erklärt werden muss als Entwickelung aus *e stuck oder sächs*, cf. D. W. B. *ein* Sp. 114 ff. und 137. Auch heute findet sich diese Ausdrucksweise noch: *fir e tag oder zwai*. Dabei ist jedoch der Unterschied in der Betonung beachtenswerth: *e stucker sächs*, aber *e tág oder zwai*. Wenig annehmbar scheint die Erklärung Latendorf's. Germ. 13, 202, der in dem -*er* eine euphonische Füllung sieht, welche er mit dem -*er* in *voller*, *halber* vergleicht; diese sind ja ganz anders aufzufassen. Die anderen Beispiele, *e jurte fimf, e johr sibe*, können kaum so erklärt werden, da doch das -*er* nicht einfach abgefallen sein kann, während es bei *stucker* geblieben wäre. Ich denke mir die Sache so, dass *e* hier ursprünglich Cardinalzahl war und die zweite Cardinalzahl steigernd hinter das Substantiv trat. Es könnte am Ende aber auch möglich sein, dass das weitaus am häufigsten so gebrauchte *stucker* als Plural gefühlt wurde — die Form begünstigte dies — und analog nach diesem Beispiel auch bei anderen Wörtern die Pluralformen eingesetzt worden wären.

In den Fällen, wo die Cardinalzahl mit *e* vor dem Substantiv steht, sieht das D. W. B. in dem *e* den blossen unbestimmten Artikel; nichts hindert aber, darin auch das Cardinale *ain* steigernde weitere Zahl darin zu erblicken.

§. 62. Bei Familiennamen kann der unbestimmte Artikel stehen, um von Jemand auszusagen, dass er Mitglied dieser Familie sei, nicht aber bei einem Eigennamen in appellativer Bedeutung: *was isch das für aine? S'isch e Meyer. Er het sich versproche mit eme Müllerli*; namentlich häufig in Bezug auf Frauen, wobei der Name in der Deminutivform erscheint.

§. 63. Die im nhd. Kanzleistil sehr geläufige Verwendung des unbestimmten Artikels statt eines bestimmten oder eines demonstrativen Pronomens ist heute der Mundart nicht mehr eigen. In älterer Zeit, in Basler Urkunden aus dem 15. Jahrhundert, finden sich dagegen sehr häufige Beispiele dafür: *ein statt von Basel, ein herschaft von Osterich;* so auch bei Gengenbach, welsch Fluss 55: *ein gemein eydgenossenschaft zu friden allzyt ist bereyt.* 10 Alter Schluss: *zu lob und eren den Ersamen Burgern einer loblichen Stadt Basel.* Ihre Entstehung verdankt diese Ausdrucksweise einer gewissen Scheu, auf höher stehende Personen oder Behörden direkt hinzuweisen. Vgl. aber auch Braune, Beitr. 11, 518 ff.

§. 64. Im Gegensatz zur Schriftsprache steht der unbestimmte Artikel bei den indefiniten Pronomina *mänge* und *jede*. Manchmal findet sich nur *mänge*, nicht aber der Artikel flectirt, so dass es scheint, es werde derselbe nicht mehr als solcher gefühlt, sondern als mit dem Pronomen zusammengewachsen; es liegt hier jedenfalls Analogiebildung nach *ekai* vor: *isch das nit mengem Gschirrlytpaar si Hab und Guet*, S. D. 3, 12. *E menge Ma lit dert und mengi Frau*, B. P. 205, cf. Jellinghaus, Z. Z. 16, 88 ff. *en manger.* Scheinbar ist der unbestimmte Artikel auch in *e kai* vorhanden; dies ist aber jedenfalls aus *enkein* entstanden; schon Gengenbach weist Beispiele für diesen Gebrauch auf, Bettlerord. 124 f.: *den gensen, die nit drinken win, worlich jr kumpt ein keine drin;* ib. 821: *lass jr a keinen in din hus.* Pfaffspieg. 249: *ein jeder heiliger bruder.*

§. 65. Ein von der Schriftsprache abweichender Gebrauch des unbestimmten Artikels ist derjenige im Sinne eines possessiven Pronomens: *er bringt e sach nie ferig, sie hend e sach in ornig.* Ihren Ausgangspunkt wird die Erscheinung wohl in negativen Sätzen haben: *er macht nie e sach ferig*, wo das *ein* = irgend ein in die Bedeutung irgend ein für Jemand bestimmtes, ihm Zukommendes übergehen konnte und sich dann mit dem Possessivpronomen nahe berührte. Die Uebertragung auf positive Sätze wäre nicht zu auffallend. Der Gebrauch beschränkt sich übrigens, so viel ich sehe, auf das Substantiv *sach*.

Anmerkung. Dass wir nicht, wie Seiler S. 96, zu meinen scheint, in dem basellandschaftlichen *ais ufe zan ne*, den unbestimmten Artikel, sondern den bestimmten aus *uf n* < *uf den* erkennen müssen, kann nicht zweifelhaft sein.

§. 66. Der unbestimmte Artikel kann in seiner Function auch halb in die Klasse der indefiniten Pronomina übergehen, so dass er so viel bedeutet wie irgend ein; Erdmann, Grundzüge §. 19, nennt dies unbestimmte Individualisirung. In den Fällen, wo der Artikel heute diese Function ausübt, stand im Ahd. und Mhd. das Substantivum allein, namentlich in negativen und allgemein bejahenden Sätzen. Ein erstarrter Rest dieses Verfahrens liegt noch vor in den Pronomina *me* < *man* und *niemez*. Wenn die Negation des Satzes durch *nie, niene* bewirkt wird, so vertritt, wie wir schon bei den Negationen gesehen haben, das Pronomen *kai* den unbestimmten Artikel.

Die in der Schriftsprache in gehobenem Stil mögliche Setzung des Substantivs ohne Artikel in solch allgemeinen Sätzen ist der Mundart, welche sich mit Wortschatz und Syntax auf den Kreis des Gewöhnlichen, Alltäglichen, Einfachen beschränkt, versagt. Es wären also Sätze, wie sie Erdmann, Grundzüge §. 20, anführt: *Name ist Schall und Rauch, Umnebelnd Himmelsglut*, oder *drück' ich widerspänst'ge Brust*, abgesehen davon, dass die Bilder der Mundart nicht angemessen wären, ganz unmöglich, cf. Tomanetz, Anz. f. d. A. 14. 15.

§. 67. Fehlen muss heute der unbestimmte Artikel:

1) unbedingt beim Vocativ, wo er mhd. und auch bei Gengenbach noch gebraucht wird; cf. Nollhardt 216: *Sybill, ein wissagin für wor;* ib. 474: *Birgit, ein edle künigin;*

2) vor Pluralen, cf. oben;

3) facultativ beim Prädicatssubstantiv: *er isch e buechbinder, der Kasper isch e Schlosser gsi, si brueder isch lehrer;* jedoch beschränkt sich die Möglichkeit, den Artikel beim Prädicatsnomen wegzulassen, auf die Fälle, wo das Substantiv den Stand oder Beruf bezeichnet. Wenn das prädicative Substantiv mit der Präposition *zu* verbunden ist, steht gewöhnlich der unbestimmte, hie und da auch der bestimmte Artikel dabei,

vgl. Gengenbach, X alter 269: *du wirst sunst zü eim bättler werden.* Gouchm. 170: *Und bin zu eim thor ward gemacht und oft.*

§. 68. Der Artikel fehlt noch in manchen stehenden Verbindungen von Substantiven mit Verben: *stund nä, stund gä, atail nä, mitlid, bidurnuss, hunger, durst, schlof, sorg ha, es git schnee, räge, is, es git* oder *es isch krieg, es isch tag, nacht, morge, obe* etc., oder auch namentlich bei präpositionalen Verbindungen: *z droz, z drumm, bi Zite, bi Nacht und Näbel, bi Dag, bi Wasser und Brot, bi Strof, bi Buess, per Bahn, bi Glägehait* u. s. w.

§. 69. Ganz besonders häufig fehlt der Artikel bei paarweiser oder mehrfacher Verbindung von Substantiven: *aug um aug, stund um stund, tag fir tag, wort fir wort, hand in hand, arm in arm, kopf an kopf, vo zit zue zit* und andere, oder *s isch staiabai gfrore, mir wird windeweh, angstehang.*

c) Die allgemein zählenden Pronomina (Indefinita).

§. 70. Der in alter und neuer Zeit übliche indefinite Gebrauch von *wer, was, welcher* etc. in Hauptsätzen neben dem interrogativen, der sich erst aus jenem entwickelt hat, ist der baslerischen Mundart abhanden gekommen; nur in den Compositionen dieser Wörter mit *ete* (und mhd. *neweiz*), die sich dann lautlich verschleifen zu *epper, eppis, eppe (naimer, naime)*, ist er noch erhalten: *soll i Ech eppen eppis bsorge,* S. D. 1, 6; *wenn mit epper do gsi isch, so het sich epper erzaigt,* S. D. 1, 12.

§. 71. Wo das Nhd. *welcher* alleinstehend in Beziehung auf ein vorausgehendes Substantiv verwendet, lässt die Mundart den dort so wiederholten Begriff ganz unwiederholt. Dem neuhochdeutschen *Hast du Federn? Ich habe welche*, würde entsprechen: *hesch Fädere? Jo, i ha. Es isch kai papier me do, se hol wider; bring e paar Gleser mit ine, wenn dusse sind.*

Ueber den Gebrauch dieser Indefinita in Nebensätzen s. die Frage- resp. Relativpronomina.

§. 72. Zur Bezeichnung eines allgemeinen, unbestimmten Subjectes in Bezug auf alle Geschlechter dient in der Mundart wie in der Schriftsprache das aus dem Substantiv *mann* in Folge der Unbetontheit geschwächte Pronomen *me*, vor Vocalen *men*: *dert, wo men iber der Duemeringer Berg uf Lerch ibere got. Dass den us em Markgrofeland kunnsch, das siht me jo an dim Lätsch*, S. D. 1, 5. Für die obliquen Casus wird *me* durch das zum Indefinitum gewordene *aine* in der Form *aim* für Dativ und Accusativ vertreten. Für die Stellung des *me* ist hervorzuheben, dass in Wunsch- und Aufforderungssätzen mit einem Conjunctiv Präsentis dieses *me* meist nach dem Verb steht: *los men au! sag me was me will!*

§. 73. Bemerkenswerth ist noch, dass entweder in hochmüthigem, befehlendem oder aber in bescheidenem Tone das Pronomen *me* zur Bezeichnung einer ganz bestimmten Person, meist der ersten oder zweiten, verwendet werden kann, cf. Grimm 4, 221: *man wird das gerne thun; man geht wohl mit*. Mätzner, Engl. Gr. II, 14: *may one hear her name*. *Wie ka men aber au eso eppis sage; me got jetz nit uf gass abe; me thäts jo gern, wemme numme kennt; welen isch me?*

§. 74. Das Pronomen *aine* wird substantivisch gebraucht 1) im Sinne von irgend einer oder 2) gleichbedeutend mit *me* in den obliquen Casus, s. oben. *Do kan aine ko und sage...; duet dä hund aim bisse? S ka aim wol blange, bis der Summer kunnt, wemme nie rächt gsund isch; do kan aine kai Fraid dra ha;* cf. Grimm 4, 454: *da hat einer seine last mit; das kann einem zu schaffen machen*.

§. 75. Die Indefinita *alle, vil, wenig, e paar, mänge, jede* unterscheiden sich nicht von dem schriftdeutschen Gebrauch; ausser darin, dass *mänge* und *jede* gewöhnlich den unbestimmten Artikel zu sich nehmen; *einige, etliche* sind in der Mundart gar nicht vorhanden.

§. 76. Ueber den Gebrauch von *ander* ist noch einiges anzumerken. Grimm 4, 456 zweifelt, ob *anders* in den Verbindungen *jemand anders, niemand anders* als Genetiv des Pronomens oder als Adverb aufzufassen sei, da wir auch sagen:

jemand sonst. Die letztere Erklärung scheint mir sehr unwahrscheinlich; denn z. B. in den Verbindungen bei Gengenbach, 3 Christen 376: *dann in das hauss wirt niemandts ussländiges genummen* oder in den dialektischen *epper fremds* (häufiger *epper fremder*), *niemez alts,* die doch ganz analog sind, wird es nicht möglich sein, in den Formen auf *-s* Adverbien zu erblicken. Es liesse sich, wenn wir in *anders* nicht einen leicht erklärlichen Genetiv anzunehmen haben, vielleicht eher denken, dass *anders* als Neutrum Singularis aufzufassen wäre als die das Geschlecht unentschieden lassende Form.

Neben der Verbindung *epper anders, niemez anders,* welche im Schwäbischen durch alle Casus hindurch beibehalten wird, ist in basler Mundart die attributive Construction von *ander* in den Casibus obliquis die gewöhnliche: *mit epper anderem, zu niemez anderem.*

II. Die fragenden Pronomina.

§. 77. Die fragenden Pronomina sind folgende: *wär, was* substantivisch, *wele* adjectivisch und substantivisch, sowie adverbial *wie, wo, wenn.* Von dem substantivischen *was* kann im Ausruf und Frage ein Genetiv oder Accusativ abhängen: *Was stai uf de matte lige! Was gits Neis? Was isch Guets? Was isch das nit e Kräsmes und Laufes! Potz tausig, was isch das e Wahl!* S. D. 3, 11.

§. 78. Die fragenden Pronomina werden gebraucht im Hauptsatz und im Nebensatz, indirekten Fragesatz. Es bestehen hierin keine Unterschiede zwischen der Mundart und der Schriftsprache, ausser dass in ersterer im Nebensatz das Interrogativpronomen, wie schon in mhd. Zeit, durch die Conjunction *dass, ass* verstärkt wird: *kenne Sie mir nit sage, wele zit ass es isch? Het er zaigt, welen ass er maint? I mecht wisse, mit wem ass mes z thiend het. Hent si nit gfrogt, fir wer ass es sig? Du waisch gar nit, wie ne liebe bueb ass er isch.* Kaum tritt ein solches *ass* neben ein als Subject gebrauchtes *wer*, cf. Paul, mhd. Gr.² §. 351 Anm.: *diu frouwe enweisse rëhte, wie daz si ihr dën list erdaehte; ich enweiz in welher zite spâte oder vruo daz si begunden segelen.* Gengenbach, Gouchm. 19: *man hat ein gdicht auch trucken lan wie dass unkeüscheit sy kein sündt* und öfter. Die entsprechende Erscheinung findet sich auch in den romanischen Sprachen, cf. Siede S. 31: *vous allez voir à qui que vous avez offaire. Si tu savais, combien que t'es laid. Je ne te dirai pas précisément en quoi qu'elle est.* Seine S. 33 gegebene Erklärung: da die meisten subordinirten Sätze durch *que* oder eine mit *que* gebildete Conjunction eingeleitet werden, scheine dieses *que* dem Volke so wesentlich für die Bezeichnung des Verhältnisses der Unterordnung, dass es dasselbe auch zu eigentlichen Fügewörtern treten lasse: diese Erklärung scheint mir auf das Deutsche nicht wohl anwendbar, schon weil *dass* lange nicht die Bedeutung hat als Conjunction, wie im Französischen *que*; viel eher wird anzunehmen sein, dass nach Analogie der zahlreichen Fälle von Conjunctionalsätzen, in denen neben der einfachen Conjunction auch die Verbindung der Conjunction mit *dass* stand (*bis — bis dass, sit — sit dass* etc.), ein solches *dass* auch neben die fragenden Pronomina trat.*

§. 79. Eine dem Mhd. noch fremde, im 15./16. Jahrhundert auftauchende Verbindung ist das heute allgemein gebräuchliche *was fir e*. Bei Gengenbach finde ich noch kein Beispiel dafür, er setzt nur *was:* Nollh. 46 f.: *darin man findt gar clorlich schon, Was grossen trübsal wurd entston.* Ew. Burger 217: *Was onussprächlichen trost hat er uns verlassen.* Dagegen in den Dramen des Herzog Heinrich Julius von Braunschweig. Susanna S. 98: *Las hiere, was hastu vor än beschaidt bekomma?* Von einem Wirth S. 305: *Lueg, was kumpt dau fir ain Minsch heir.* Von einem Gastgeber S. 455: *Was bistu denn fir ain kärle?* Für die Stellung ist zu beachten, dass *fir* mit dem unbestimmten Artikel unmittelbar vor dem Substantiv steht und von *was* durch das Verbum finitum getrennt sein kann. *Was hesch fir e ma gse? Was het er fir sache mitbrocht?*

Die Mundart schafft sich aus dieser Wendung ein Adjectiv *was firig* = wie beschaffen; doch wird dieses Wort nie in direkter Verbindung mit einem Substantiv, sondern nur indirekt in Beziehung auf ein Substantiv im Plural, nicht im Singular angewandt: *Er het scheeni epfel mit haim brocht. Was firigi? Suri oder siessi?*

Nach Analogie dieses *was fir* bildet dann der Dialekt auch *aller gattig fir lit, allerhand fir sache.*

III. Die deiktischen Pronomina.

a) Pronomen der ersten und zweiten Person.

§. 80. Die Pronomina lauten für die erste Person: Singular a) selbständig, betont: *i, ich*, b) in Verbindung mit dem Verb *i*. Plural a) *mir*, b) *mer*; für die zweite Person: Singular a) *dû*, b) *du, de*; Plural a) *ir*, b) *er*.

§. 81. Die persönlichen Pronomina werden immer substantivisch gebraucht; sie können eine Apposition zu sich nehmen, cf. Erdmann, Grundzüge §. 92: *ich arme! du liebe! mir andere, ir soldate.*

§. 82. Während in der älteren Sprache die einfache Verbalform genügte, um einen Satz zu bilden, ist heute, bis auf wenige Ausnahmen, die Setzung eines das Subject bezeichnenden Pronomens unumgänglich nothwendig.

In den Fällen, welche das Pronomen verlangen, stimmt die Mundart mit der heutigen Schriftsprache überein; wir betrachten nur diejenigen Verbalformen, die noch ohne Beifügung eines Pronomens gebraucht werden können.

Es sind dies folgende Fälle:

1. Wenn mehrere Prädicate in Beziehung auf ein gemeinschaftliches Subject durch *und* oder *aber* verbunden oder asyndetisch neben einander gestellt sind. Doch kann das Pronomen auch stehen, z. B.: *won i z Bern ferig gsi bi und i wider ha welle haim go* ... cf. Wunderlich S. 15 aus Luther: *Da ich*

zu Orlamünde war und von den bilden . . . handelte und ich alle sprüche . . . zeygt . . .

Auch in Beiordnung zu invertirtem Satz kann das Pronomen noch fehlen: *gem mer hite furt und kemen in näbel, so sind mer verlore,* cf. Wunderlich S. 16: *vermessen wir uns . . . und sorgen nicht.*

2. Beim Imperativ: *bring mer säll buech! kemmen ine!* Während aber in der Schriftsprache ein Pronomen *du* oder *ihr* nur im Falle einer Betonung von Gegensätzen (auch in der Mundart sind sie dann nöthig) dem Imperativ beigegeben werden darf, kann dies in letzterer auch sonst geschehen, wenn eine Aufforderung mehr in familiärem Ton ausgesprochen wird: *waisch was; kumm du morn zue mer; gang du go luege; bringen ir grad eiere sache mit!* Das Pronomen steht in dieser Verbindung immer hinter dem Verb. Vgl. dieselbe Construction bei Luther: *Besprenge du mich mit hysoppen, szo werd ich reyn,* cf. Wunderlich S. 13.

3. In der ersten Person Singular in einigen formelhaften Ausdrücken: *dank ger schen, gschwige,* in dem adverbiellen *dänk, dänk wol* und ähnlichen: *und e Herzog isch gsi, meyn Albrecht heig men en gheisse,* B. P. 16. Doch beschränkt sich dieser Gebrauch in der Mundart auf diese wenigen Ausdrücke; *bitte* z. B. ist kaum dialektisch, cf. das englische *prithee, thank you.* Für die Erklärung s. Behaghel, Die deutsche Sprache, S. 90 f.: „Es macht sich das Bestreben geltend, einerseits das natürliche Grössenverhältniss zwischen dem Redenden und Angeredeten zu des Letzteren Gunsten zu verschieben, andrerseits die unmittelbare Berührung zwischen den Sprechenden zu vermeiden, symbolisch den Zwischenraum zwischen denselben zu vergrössern. Dies kann unter anderem auch geschehen dadurch, dass sich das sprechende Individuum überhaupt nicht nennt."

Anderer Art sind die Fälle, wo das Subject aus einer vorausgehenden nominativen oder obliquen Form des Pronomens sich ergänzen lässt: *I bi der Tod vo Basel, komm grad us der Stadt,* S. D. 1, 2. *Im Dod isch eso Eppis no nie bassiert, und sitzt an Tisch und versuecht das Schnäpsli*, S. D. 1, 3.

Die in kaufmännischem Stil übliche Auslassung des Subjectpronomens kennt die Mundart nicht.

4. Nur scheinbar ist die Auslassung des Pronomens in der zweiten Person Singular Indicativi bei Inversion: *was lebsch? Kunnsch morn? Bisch dehaim hite?* Es ist hierin nichts anderes als ganz lautgesetzliche Entwickelung aus mhd. *lebstu, lebste, biste* etc. zu sehen; es ist keine syntaktische, sondern eine lautliche Erscheinung. Die Assimilation des unbetonten *de* an das folgende Verb in Aussageform ist kaum baselstädtisch: nur *de darfsch mit ko; de muesch das nur sage;* nicht *darfsch, muesch*, wie dies z. B. im Schwäbischen gebräuchlich ist; vor *k* scheint sich aber bei manchen eine derartige Assimilation zu finden.

§. 83. Es bleibt uns noch übrig, von einer ausgedehnten Erscheinung zu sprechen, die man vielleicht als eine Art von Personenverschiebung bezeichnen könnte. Freilich wird dieser Ausdruck in etwas verschiedenem Sinne gebraucht von derjenigen Verschiebung der Personen, welche in der indirekten Rede stattfindet, cf. Behaghel, Zeitfolge der abhängigen Rede, S. 7. Es sind dies die verschiedenen Arten der Anrede an eine Person; vgl. darüber Grimm 4, 300 ff. Die ursprünglichste Art, jemand anzureden, ist diejenige durch *du;* sie findet heute noch statt gegenüber Verwandten, Freunden, ganz nieder stehenden Untergebenen etc. Die zweite Form ist der Plural des Pronomens zweiter Person *ir;* diese ist bei der Anrede fremderen Personen gegenüber das eigentlich Volksthümliche, von den Städtern aber fast nur noch im Verkehr mit Landleuten angewandt. Die höfliche Anrede geschieht, wie in der Schriftsprache, durch *Sie* mit dem Verbum im Plural, daneben aber hört man oft, besonders im Munde von weniger gebildeten Leuten die Anrede durch *Ihne* für den Nominativ. Man wird dies etwa so erklären können, dass nach dem Beispiel der übrigen Personen auch hier Dativ und Accusativ einander formell gleich gemacht wurden, *Ihnen* somit als Accusativ verwandt wurde — dies findet sich heute sehr häufig — und dann, wie in anderen Fällen, die Form des sehr häufig gebrauchten Casus obliquus auch in den Nominativ eindrang: *Herrjeggerli, der Herr Meyer! Kemmen Ihne gschwind ine. Wänd Ihne der Frau Doggtere ne Visite mache?* S D. 1, 39. Statt des Pronomens der zweiten Person wird besonders Untergebenen oder niedriger gestellten Personen gegenüber das Pronomen der dritten Person gebraucht, wie dies früher auch nhd. üblich war: *rum sie der tisch ab! trag er das buech furt!* In höflicher, bescheidener Sprache wird die direkte Anrede ganz vermieden, indem das Subject durch ein Substantiv oder *me* ausgedrückt wird: *Aber Baschi, ka men au eso dumm si? Will der Herr ine ko? Halt er si nienen uf und schwetz er nit, was em ins Mul chunt, rüeft mer der Vetter no, und loss er er si Tabatière nit im Wirthshaus liege, wie sust bim Here der Bruch isch*, Hebel 54, 27; ähnlich: *de sollsch am Fasnacht Mittwuchen e Domino alege und mit diner Niesse Martha ins Casino go* (= mit mir), S. D. 2, 12. Oft auch spricht jemand zu einem andern in der ersten Person Plural und fasst sich so in ironischem oder gemüthlich theilnehmendem Tone mit jenem zusammen, während er im Grunde genommen nur von jenem andern etwas voraussagen will: *mir sin hite nit guet ufgleg', he?* cf. Gunnlaugsaga ed. Mogk S. 15: *Ge um thá kurteisi, segir Hrafn, at foera thetta ei í kappmæli.*

b) Das Pronomen possessiv der ersten und zweiten Person.

§. 84. Bei diesen Pronomina ist das deiktische Verhältniss verbunden mit einem casuellen. Sie sind von jeher substantivisch und adjectivisch gebraucht, als Adjectiva wiederum attributiv und prädicativ. Während die letztere Verwendung in der Schriftsprache selten geworden ist, besteht sie in der Mundart unverändert weiter: *Das hus isch mi, dä Garten isch di; die biecher sind unser; sind die sachen eier, wo do liege?*

Daneben besteht. wenigstens für die singularen Pronomina, eine prädicative Verwendung des Possessivs bei *ghere: dä huet ghert mi; dä kuffer ghert si;* aber nur *die biecher gheren uns, eich,* nicht *unser, eier.*

§. 85. Für die substantivische Verwendung des possessiven Pronomens ist gegenüber der Schriftsprache der Unterschied zu beachten, dass nie der Artikel dazu gesetzt werden kann, auch nicht im Sinne von der meinige: *unser tuech isch besser als eiers; mini bilder sind scheener als dini.* Dem hochdeutschen die Meinigen, die Unsrigen entsprechend muss also die Mundart das dem Zusammenhang entsprechende Substantiv mit dem Pronomen setzen, also etwa *mi familie, unseri lit.*

§. 86. Bei Verwandtschaftsbezeichnungen, wo sich das Verhältniss der Zugehörigkeit aus dem Zusammenhang ergibt, liebt es die Mundart, den Besitzer nicht genau durch ein Pronomen possessivum zu bestimmen, sondern nur den bestimmten Artikel zu gebrauchen: *der ma, d'frau, s kind, der vater* (je nachdem = *mi, unser, di, eier vater*).

c) Die demonstrativen Pronomina.

§. 87. Die demonstrativen Pronomina sind: *dä* = dieser und = jener, *sälbe* = jener, *äner* (jenseitig), *sonig därig* (solch, derartig), dazu noch die adverbialen *do, dert, so, denn.* Diese Pronomina können substantivisch und adjectivisch gebraucht werden. Da das Pronomen *dieser* verloren ist, muss die genauere Unterscheidung des näheren und entfernteren Gegenstandes bei *dä* durch die Zusetzung von *do* oder *dert* bezeichnet werden.

§. 88. Die deiktische Bedeutung von *dä,* das sich vom bestimmten Artikel durch seine infolge der starken Betonung volleren Form unterscheidet, ist im Gegensatz zur Schriftsprache sowohl in der substantivischen als in der adjectivischen Verwendung noch ganz lebendig, cf. Tomanetz. Anz. f. d. A. XIV. 17.

Vgl. den für die fünf Finger geltenden Kinderspruch: *Dä*

isch in Bach gfalle, dä hät en usezoge, dä het en haim trait, dä het en ins Betti glait, und dä klai Binggis hets Fater und Mueter gsait; Dä hesch de dur und dur zerspalte, däm fehlt der Arm, däm fehlt e Bai, und dä hesch gar zu Scherbe gschosse. S. D. 3, 11. *Dä — dä* kann oft ganz den Sinn von der eine — der andere bekommen: *dä machts eso und dä eso.*

Sälbe entspricht in seiner Verwendung ganz dem nhd. jener; adjectivisch und substantivisch gebraucht, hat es nie einen Artikel bei sich. *Der äner* in der Bedeutung „der jenseitige, der weiter entfernte" ist immer mit dem bestimmten Artikel verbunden. *Sonig* und *därig* entsprechen in ihrer Anwendung dem nhd. *solch,* nur werden sie nicht substantivisch im Singular mit dem unbestimmten Artikel gebraucht.

Anmerkung: Die Verbindung eines betonten neutralen demonstrativen Pronomens mit einer Präposition, wie *vo däm, us däm, fir das* etc. kann in der Mundart nicht ersetzt werden durch die Verbindung des entsprechenden Adverbs mit der nachgesetzten Präposition, also nicht *doro, dorus, dofir,* nur unbetont *dervó, drus, derfir.*

§. 89. Die deiktische Bedeutung dieser Pronomina ist etwas abgeschwächt, wenn mit diesen auf etwas Folgendes hingewiesen wird, was gewöhnlich in Form eines Relativ- oder eines Conjunctionalsatzes mit *dass* angefügt wird. Dabei ist zu bemerken, dass es in der Mundart nicht so strenge Regel ist, wie in der Schriftsprache, auf einen solchen folgenden Satz mit einem Pronomen demonstrativum hinzuweisen; dasselbe kann sehr oft auch fehlen: *zuer Strof, dass es so schlächt an mir ghandlet het. Er het en eso haillos an e Muren ane gschlenggeret, dass er nimmen ufgstanden isch,* S. D. 1, 1. Daneben: *im Doni het er si Händelsueche emol verdribe, dass er si Lebdig dra dängqt het,* ibid., oder es steht statt des Demonstrativs der weniger betonte bestimmte Artikel.

§. 90. Ein zweiter Fall, wo die direkte Deixis noch schwächer ist und halb anaphorische Bedeutung vorliegt, ist der, wenn ein Demonstrativpronomen einen vorausgegangenen Begriff wieder aufnimmt.

a) in Wiederaufnahme eines absolut an den Anfang gestellten Satzgliedes: *und d Münsterthürn, die gsiht me wit; uf em stille Tich, do schwimme d Blätter gel und roth*, B. P. 162; *aber di Gligg, das reit di no ne mol*, S. D. 1, 4; *im Kasper sini bede Sihn, wo ner eso lieb gha het, die hets halt au butzt; der alt Schlosser, wär wird dä nit kenne?*

Besonders häufig wird so das demonstrative *do* verwendet, auch wenn es sich gar nicht darum handelt, eine locale Bestimmung wieder aufzunehmen: *vom ainte, do han i guete bricht; mit em andere, do ischs nit ganz suber*;

b) in Rückbeziehung auf einen vorhergehenden indefiniten Relativsatz. Am häufigsten findet sich hier *dä*, weniger oft *sälbe, so ein, sonig*: *aber wer nit gmacht het, was men em ayä het, das isch er gsi; was er mit ere Mos het, das wird er uf em Haimweg scho gspyre*, S. D. 1, 14. *Wers Deggeli verbreche ka, dä nähm sich au um d'Schisslen a*, S. D. 3, 13. Das Pronomen kann aber auch fehlen: *wer aber nit sait, bisch du*.

§. 91. Schon nahe an den bestimmten Artikel streifend ist *dä* substantivisch gebraucht mit einer durch eine präpositionale Verbindung gebildeten Ergänzung: *die uf em Zoll, bi däne vo der vierte Cumpenie*. Nicht mundartlich aber ist der Ersatz eines von einer präpositionalen Bestimmung begleiteten Substantivs durch *dä*. Man kann nicht sagen: *S'isch nit der hund vo min vater, s'isch dä vo mim brueder*, sondern nur: *'s isch mim brueder sine*. *S'isch wie ne Sechsmonetchindli, doch nit wie der Landvögti ihres*, Hebel 3, 16.

Ueber anaphorische Verwendung dieser Pronomina cf. das anaphorische Pronomen.

§. 92. An indefinite Bedeutung streifend ist *dä und dä, die und die* im Sinne von „ein nicht näher anzugebender, ein erst näher zu bestimmender"; für einen bestimmten Gegenstand oder eine bestimmte Person, deren Namen man im Augenblick gerade oder überhaupt nicht weiss, wird häufig *ding* oder *dings* mit dem entsprechenden Artikel verwandt, cf. D. W. B. 2, 1176.

IV. Das anaphorische Pronomen.

a) Reflexivpronomina.

§. 93. *Sich*, reflexives Pronomen in Bezug auf die dritte Person, wird ursprünglich dialektisch nur für den Accusativ für alle drei Geschlechter verwendet, heute auch für den Dativ, wahrscheinlich unter dem Einfluss der Schriftsprache. Für den Dativ und für den von Präpositionen abhängigen Accusativ eines Masculinums und Neutrums ist der mhd. Gebrauch des persönlichen Pronomens der dritten Person daneben noch erhalten: *Derno het es si bsunne, wos higo soll. Der Ohrismüller het sich in die zwai Seltisbergere verliebt. Dä Nägelistoyg wurd si in siner Stube prächtig usnä*, S. D. 1, 16; aber auch *er läpt ganz fir in; er kan im sälber nit hälfe; es läpt fir ins*, aber nur *si läpt fir sich* (cf. Seiler). *Si hän kai Geld bi nene. Si isch wider zuenere sälber ko. Und d Franzose händ Dirken und More binene. Er schwätzt mit im sälber.*

§. 94. Eine eigenthümliche Verwendung des reflexiven Pronomens findet sich in der Redensart: *es isch si nit der wärt wäge soneme bizli*, wo das Reflexiv vielleicht aus einer Contamination von *es isch der wärt* und *es lohnt si* herrührt; ebenso überflüssig erscheint *si* in: *es fehlt si nit*.

§. 95. Das reflexive Pronomen wird oft ungenau an Stelle des reciproken gebraucht: *si hend sich gschlage, mer hend is gspritzt*; wechselnd mit dem Reciprokum in demselben Satz: *mer hend enander plogt und is zankt*, S. D. 2, 11. Das eigentlich reciproke Pronomen ist *enander* für alle Casus in derselben Form. Seiner Natur nach ist es eigentlich nur in Bezug auf mehrere Personen oder Gegenstände anwendbar, die Mundart gebraucht es aber auch von einem einzigen Gegenstand in Bezug auf das Verhältniss seiner einzelnen Theile zu einander: *der stil isch ab enander; die lade isch us enander.* Ganz adverbiell sind *anenander* = an einem fort, und *enanderno* = sofort, *umenander* = umher.

§. 96. Das reflexive Pronomen *sich* nimmt in einigen

Formeln eine Art deiktischen Charakter an, indem es nämlich (eine allgemeine reflexive Bedeutung erhält und) auch in Bezug auf eine erste oder zweite Person gesetzt werden kann, besonders nach localen Präpositionen, cf. Grimm 4, 139, Miklosich 4, 100; *i far nit gärn hintersi*, ähnlich *nidsi, obsi*, Ueber eine ähnliche Erscheinung im Französischen vgl. Siede S. 22: *Hier encore douze personnes qui nous tombent juste au moment de se mettre à table.*

§. 97. Das possessive Pronomen *si* kann nur angewandt werden in Beziehung auf ein im Singular stehendes Substantiv masculinen oder neutralen Geschlechts. Dasselbe ist substantivisch und adjectivisch; als Adjectiv wird es, wie die Pronomina der ersten und zweiten Person, auch prädicativ gebraucht, cf. Brant, N. S. 20, 7: *Eyn yeder wisz by siner ere Was das eym andern zügehoer Was er weisz das es sin nit ist.* 20, 3: *Achor behielt das nit was sin* und so noch heute.

§. 98. *Si* wird aber nicht nur reflexiv, sondern auch rein anaphorisch gebraucht: *i ha si arbet agluegt;* das Gebiet, welches dieses *si* einnimmt, ist in der Mundart viel ausgedehnter als in der Schriftsprache, da die strenge Unterscheidung zwischen *sein* und *dessen* fehlt und *si* für beides gesetzt wird.

§. 99. Eine über die meisten deutschen Mundarten verbreitete merkwürdige Verwendung des Pronomens *si* findet statt beim possessiven Dativ, entsprechend einem schriftdeutschen possessiven Genetiv. Das possessive Pronomen steht immer unmittelbar vor dem besessenen Gegenstand, aber hinter dem possessiven Dativ, cf. Grimm 4, 351: *Im Dettwiler si Suhn; s'Resi, im Schaub si Maitli; s'isch nit mi huet, s'isch (im) sine.* Den Ausgangspunkt für diese Construction bilden wohl diejenigen Fälle, wo ein solcher Dativ vom Verb abhing: *er het däm kind sini sache gno; er het mim vater si hus abkauft*, was gleichbedeutend sein konnte mit *er hat die sachen des kindes genommen, er hat das haus des vaters gekauft.* Die Verbindung des Dativs mit dem durch das possessive Pronomen ergänzten Substantiv konnte somit leicht enger genommen und auf Fälle übertragen werden, in denen kein Dativ vom Verb abhängen kann [1]). Die Fälle, die Grimm anführt, wo neben einem Genetiv possessiv ein solches possessives Pronomen steht, dürfen für die neuere Zeit wenigstens als Compromiss zwischen Dialekt und Schriftsprache aufgefasst werden. (Anders wiederum ist die Sache bei *ans Nochbers sim Fenster*, S. D. 1, 12; hier kann kein Dativ stehen, ebenso wie wenn *in* die regierende Präposition ist, weil sonst *am* und *im* nur als Dativbezeichnung, nicht aber als die zum besessenen Gegenstand gehörige Präposition erscheinen würden.) Das Alter der Erscheinung eines derartigen unzweideutigen possessiven Dativs zu bestimmen ist mir nicht gelungen [2]). Vgl. dieselben Constructionen bei Reuter; im westfälischen cf. Jellinghaus, Z. Z. 16, 88 ff.: *ik sen dën iesel sin vater, vüör dem sin hus stont*: im französischen Diez, Rom. Gramm. S. 866; *filz as cunturs, la gent au roi;* cf. Siede S. 24: *Ptêtre bien que c'est son fils à M. Samson. Quelle est sa famille à ce jeune homme?* im Englischen cf. Storm, engl. Philol. I, 261 f.: *Bill Stumps his marks; for Jesus Christ his sake.*

§. 100. Rein deiktische Function hat das possessive Pronomen *sî* im direkten Hinweis auf eine anwesende Person = einem genetivischen *dieses hier*; entsprechend demselben deiktischen Gebrauch des Pronomens *er,* cf. §. 110.

§. 101. Dem in §. 96 erwähnten Gebrauche von *sich* entspricht manchmal ein ähnlicher von *sî* in erstarrten Formeln: *I bi siner zit au derbi gsi.*

§. 102. Als possessives Pronomen dritter Person in Beziehung auf ein Femininum im Singular oder Plural und ein Masculinum oder Neutrum im Plural dient das Pronomen *ir,*

---

[1]) Diese Erklärung gibt meines Wissens Brugmann in: „Ein Problem der homerischen Textkritik", eine Schrift, die mir leider nicht erhältlich war; vgl. auch Tomanetz, Anz. f. d. A. XIV, 21.

[2]) Einen Nachweis aus Lohenstein verdanke ich der Güte des Herrn Prof. Behaghel: *es ist der welt ihr geist*: Sophon. 5, 234 citirt bei Weinhold, Dial. Forsch. 140.

das schon im Mhd. anfängt als Adjectiv flectirt zu werden. Dabei ist dieselbe Verwendung in Verbindung mit dem possessiven Dativ zu bemerken, wie oben für *si*: *der Mariann ir kranke Vetter.*

§. 103. Zu den reflexiven gehört ferner das indeclinable *sälber*, das in der Art seiner Anwendung von dem nhd. *selbst* nicht abweicht. In der Verbindung mit den Ordinalzahlen ist heute der reflexive Charakter nicht mehr empfunden, cf. §. 57.

b) Das satzverbindende anaphorische Pronomen.

α) Das Pronomen *er, sie, es.*

§. 104. Dieses Pronomen ist schon in den ältesten Zeiten nur in anaphorischer Bedeutung nachweisbar und so ist auch heute noch diese letztere weitaus überwiegend. Es dient zur Anknüpfung eines Satzes an eine schon bekannte Person oder Sache. Während aber in früheren Perioden der Sprache in der einfachen Verbalform das Subject schon enthalten sein konnte, ist heute das Pronomen bis auf wenige Ausnahmen als Subject unentbehrlich geworden, cf. Erdmann, Grundzüge §. 2 ff.; Wunderlich S. 11 ff.

§. 105. Die Fälle, wo das Pronomen noch fehlen kann, sind in der heutigen Mundart solche, wo dasselbe sich aus dem Zusammenhang leicht ergänzen lässt:

1. Wenn mehrere Prädikate sich auf ein gemeinsames Subject beziehen, besonders bei Verbindung durch *und* und *aber*: *Der Kasper isch e Schlosser gsi und het bi Binzen e glai Hysli gha,* S. D. 1, 1. *Die sind bald Soldate worde und händ z Karlsrueh unde dient. Der Dod isch derby ganz fidel und alert worde, het aber vo däne ninzig Johr eppis abmärte welle,* S. D. 1, 3. *Si waisst zwor, dass es in der Stadt au no lebendigi Lumpe het, losst aber die wohlwysli go,* S. D. 3, 13. *Der Dod muess lache, hebt derno e rechti Hampflen ab und sait,* S. D. 1, 4; asyndetisch kaum in Prosa: *Si waisst das nit, si dänggt nit dra, si fillt en nur mit Pletzen a,* S. D. 3, 13; wohl durch den Vers veranlasst ist die Auslassung in: *si sammlet*

Lynezyg und Pletz und Lumpen aller Art, isch in der Uswahl gar nit zart, S. D. 3, 13. Es werden hier kaum Unterschiede zwischen Mundart und Schriftsprache zu constatiren sein. Das Moment der Wortstellung ist in beiden in gleicher Weise massgebend.

2. In ganz kurzen Antwortsätzen: *ka si, isch miglig;* namentlich als Abschluss einer direkten Rede und zugleich in Weiterführung der Erzählung; Erdmann §. 6, 3 meint, es sei diese Construction von Voss künstlich in die epische Sprache eingeführt; auch Hebel kennt sie: „. . . *Leget ems ordli ans Herz, i wünsch ich gute Verrichtig.*" *Seits, und s göhn drei Buben,* Hebel 17, 80 u. ö., ebenso baselstädtisch.

3. Bei mehrfachen, durch Conjunctionen mit einander verbundenen Sätzen mit ungleichem Subjecte kann im zweiten oder folgenden das Subjectspronomen aus einem obliquen Casus des ersten Satzes ergänzt werden: *Im Dod isch eso Eppis no nie bassiert und sitzt an Disch und versuecht das Schnäpsli*, S. D. 1, 3, cf. Wunderlich S. 20 aus Luther. Doch ist das gewöhnlichere, dass das Pronomen ausdrücklich beigefügt wird.

§. 106. Für die Zurückweisung auf einen in demselben Satze stehenden Satztheil wird häufiger als das Pronomen *er, sie, es* das demonstrative *dä* gebraucht, cf. Paul, Prinz.² 238. *s Marieli, es isch e ganz ordli kind; die herrli, me darf ene jo nit sage.*

§. 107. Sodann wird *er, sie, es* gewissermassen vorausnehmend gesetzt, ohne dass die Person oder Sache, auf die es sich bezieht, schon genannt wäre. Der Redende, dem dieselbe so lebhaft im Geiste vorschwebt, bemerkt dann, dass er sie noch nicht genannt hat und fügt sie nachträglich hinzu: *Kai wunder, kunnt er nit haim, der Beppeli*, B. P. 8. *Und isch si schlecht, d Fraufastezit*, S. D. 3, 12, cf. Erdmann, Grundzüge §. 93, Paul, mhd. Gr.² §. 327; für das französische, Siede S. 10: *vous savez qu'il est arrivé, le beau-frère à Madame Bonnet.*

§. 108. Für den Gebrauch des Neutrums ist zu beachten, dass in der Abhängigkeit von Präpositionen die unbetonte, zu s herabgesunkene Form sich findet. Liegt ein Nachdruck darauf, so tritt an die Stelle der Accusativform *es* für das Object und bei Präpositionen die wohl nach dem Stamme *in* gebildete Form *ins*.

§. 109. Die Mundart ist in der Verwendung von *er, sie, es* in demselben Satze in verschiedenen oder in gleichen Formen in Beziehung auf verschiedene Personen viel weniger ängstlich als die Schriftsprache; *er* nimmt oft auch die Stelle des nhd. *derselbe* ein.

§. 110. Der anaphorische Charakter des Pronomens *er, sie, es* ist in manchen Fällen verloren gegangen.

Er, sie, es kann geradezu d e i k t i s c h e Bedeutung annehmen, indem es im Sinne von „dieser" gebraucht wird, jedoch nur wenn die in Rede stehende Person in unmittelbarer Nähe des Sprechenden sich befindet, so dass er sie mit einer hinweisenden Geberde, die immer mit dem Gebrauch dieses Pronomens verbunden ist, näher bezeichnen kann; daher auch im Gegensatz: *es hebt sich und du sinksch in Grund*, cf. §. 118.

§. 111. Uebergang zum indefiniten Pronomen findet statt, wenn der Plural *sie* ganz im Sinne von *me* gebraucht wird: *sie vertheile hit s Schuelertuech wider*, B. P. 9.

§. 112. Nicht mehr anaphorisch ist der Gebrauch des unbestimmten Pronomens *es* als Subject, Prädicat und Object.

a) Als S u b j e c t ist es unbestimmte Einleitung des Verbs, besonders bei den unpersönlichen Verben. Die Gebrauchsweise der Mundart stimmt mit der Schriftsprache im Ganzen überein, cf. Erdmann, Grundzüge §. 6, §. 94; dazu Tomanetz, Anz. f. d. A. 14, 12; ferner Wunderlich S. 26 ff.: *s rägnet, s blitzt, s windet, s macht warm, s isch kalt, s wird nacht; s'isch an dir* etc. Hier ist *es* immer nothwendig; ebenso bei manchen Impersonalia, die einen obliquen Casus zu sich nehmen: *s tribt mi, s zieht mi, s fehlt, s manglet an eppis, s brucht, s git, s het eppis, s kunnt druf a, s macht si schlecht, s passt si, s schickt si, s verlidet si* etc.

Andere Impersonalia hingegen verlangen das *es* nicht immer bei einer durch einen vorausgehenden Satztheil hervorgerufenen Inversion, wenn eine Ergänzung nachfolgt; aber auch diese können es in der Mundart beibehalten, und dies ist sogar das Gewöhnlichere: So kann *es* fehlen in *mi frait, dass . . ., mi reit, dass . . ., mi fuxt, mi ärgeret, mi nimmt wunder, ob . . ., mir isch dra gläge, dass* etc.; aber wohl nur, wenn noch ein Adverb hinter dem Verb steht, und auch dann selten. Nicht fehlen aber kann *es* in *mi frierts, mi glustets, mir traumts, mir grusts*.

§. 113. Späteren Ursprungs, aus diesem Gebrauch bei unpersönlichen Ausdrücken hervorgegangen, ist das satzeinleitende *es*, das als Subjectvertreter dient, wo das eigentliche Subject erst hinter dem Verbum folgt. Ursprünglich wird es wohl in dieser Art nur gebraucht sein, wenn das Subject ein vorher unbekanntes, nicht aber, wenn es durch den bestimmten Artikel bezeichnet war; schon mhd. findet es sich auch in letzterem Fall; die Mundart beschränkt es fast auf den ersteren. Seinem Wesen nach anfänglich nur bei singularem Subjecte möglich, ist es durch Analogie auch auf Fälle übertragen worden, wo das Subject ein Plural ist. Dieses *es* steht nur vor dem Verb, wenn kein anderer Satztheil vorhergeht, und zwar in Aussage- und Nebensätzen ohne Conjunction, die nicht conditionalen oder concessiven Sinn haben, cf. Erdmann, Grundzüge §. 94; nicht aber in Aufforderungssätzen: *Glaub niemez, dass es drum nit bschiess*, S. D. 3, 40 (*waiss Gott! waiss der Teifel!*).

Bei Hebel finde ich auch im conjunctionalen Nebensatz, wo das Subject vor dem Verb steht, ein *es* in: *i sets mi, wos Platz isch,* 53, 120; was vielleicht aus Contamination von *wo Platz isch* und *wos Platz git* entstanden ist.

Es hangt vil drum und dra; es isch mängem scho si Hochmuet ustribe worde; es sind kaini Lit meh dert gsi; es darf niemez schwäze; es kenne numme zwai uf aimol ine; es isch emol e kinig gsi; unvolksthümlich erscheint mir aber: *es het dä gmaint; es het der herr doggter alli Hoffnig gmacht.*

Dass das *es* nie steht, wenn ein persönliches Pronomen als Subject folgt, erklärt Wunderlich S. 26 daraus, „dass die

Vorstellungen, die in Gestalt von Pronomina in den neuen Satz herüberwirken, dem Bewusstsein des Redenden so scharf bestimmt innewohnen, dass sie keinerlei unbestimmte Andeutung durch vorlaufendes *es* mehr vertragen".

Erdmann führt §. 211, 1 Fälle an, in denen der Schriftsprache die Freiheit erhalten ist, das Verbum ohne *es* nachdrucksvoll voranzustellen: *spricht zu ihm das Weib; Sah ein Knab ein Röslein stehn; wollten ihn da die gelehrten Herren in den Carcer sperren; ist doch die Stadt wie gekehrt.* Diese Constructionen sind in der Mundart nicht mehr möglich.

§. 114. b) Als Prädicat: *i bis, du bischs, si sinds; wer ischs? sind irs?* Darin sind keine Abweichungen vom Nhd. Bemerkenswerth ist aber, dass die Mundart statt des unbestimmten *es* das Femininum *sie* gebraucht für die Bezeichnung derjenigen Person im Spiele, welche an die Reihe kommt: *du bisch si.* Was als Beziehungswort zu denken ist, weiss ich nicht. Ferner wird statt des schriftsprachlichen *er ist es* = französisch *c'est lui* mundartlich *es isch in* gesagt, s. Accusativ.

§. 115. c) Als unbestimmtes Object, cf. Grimm 4, 333 ff.: *es tribe, ushalte, zaige, ibrenne, ibläue, irüere, istriche; es kenne mit aim, es zthue ha, es ufnä mit aim, es braiche* u. a.

I will ders scho no istriche. Er kas nimme verwarte. Er hets fustdigg hinder den Ore gha, S. D. 1, 2. *Das ka mers nit,* S. D. 1, 2. *S kennts just no braiche mit eme Wienechtsbaimli,* S. D. 1, 40.

§. 116. In verschiedenen Formen wird das Pronomen *er* reflexiv gebraucht, cf. §. 93. Auch in Beziehung auf eine erste oder zweite Person in dem ganz erstarrten *vor em sälber* (= von sich selbst): *i mach das vor em sälber; de kunnsch ganz vor em sälber dri ine.*

§. 117. *Er, sie, es* weist geradezu auf folgendes hin, besonders in der neutralen Form: *I has scho gly im Afang gse, die neiji Magd machts wie die alti,* S. D. 3, 11. *Es isch gscheiter, wenn de mit mer e Glesli Nusswasser dringgsch,* S. D. 1, 3. *Es frait mi, dass de ko bisch. I hätts lieber gha, dass de nit ummegange wärsch. Mer hänkds vorzoge, do z blibe.*

§. 118. Ausser dem in §. 110 erwähnten deiktischen Gebrauche ist noch nachzutragen derjenige in der Anrede *er, sie* mit Verb im Singular oder *Sie* im Plural, cf. §. 83.

§. 119. β) Die übrigen satzverbindenden anaphorischen Pronomina sind *dä, sälbe* = jener, sonig, der nemlig, der glich, die gleich angewandt werden wie nhd. *Dieser, jener, derselbe, solch* fehlen der Mundart und werden ersetzt durch *dä, sälbe, er* resp. *der nemlig, sonig* resp. *so ein*.

Si fillt der Sack mit Pletzen a; die kemmen ins Papyrers Hus, S. D. 3, 13. *Doch der Papyrer waissts, dä suecht zerst s Finsti alles drus*, S. D. 3, 13. Eine eigenthümliche Verwendung von *der nemlig* haben wir in *S isch der nemlig Fatter* = er ist dem Vater ganz gleich.

c) Der bestimmte Artikel.

§. 120. Der aus dem anaphorischen Gebrauch des Pronomens *där* unter dem Einfluss der Unbetontheit hervorgegangene bestimmte Artikel *der, d, s* wird in der Mundart bis auf wenige Ausnahmen in derselben Weise angewandt, wie in der Schriftsprache. Ein schon genanntes Substantiv muss, wenn es im Verlauf der Rede wiederholt wird, den bestimmten Artikel bei sich haben. Schliesslich darf dann überhaupt kein Substantiv mehr ohne Artikel stehen, ausser in den wenigen Fällen, wo der alte Sprachgebrauch sich erhalten hat, s. unten und unter dem unbestimmten Artikel.

§. 121. Bei Eigennamen und *Gott* wird in der Schriftsprache der Artikel weggelassen, die Mundart hat ihn bei den Eigennamen immer, sowohl im Nominativ als im Casus obliquus. *Gott, Jesus* allein werden nie gebraucht, sie haben immer eine Ergänzung bei sich: *der lieb Gott, der Herr Jesus* u. a., ausser in einzelnen Betheuerungsformeln oder sonstigen Ausrufen: *waiss Gott, bi Gott, Gott Lob und Dank, bhiet di Gott, wills Gott*. Dieser Gebrauch des Artikels findet sich schon bei Gengenbach, Buntschu 89 f.: *Bym Sem solt eben nemen war, Ist priesterschaft uns komen har*, X alter 220: *Gott durch den*

Moysen gebot. Pfaffspiegel 64: *hat in by der Rebecca nie gefroren.* Nollh. 311: *Bim Antiocho verstand karle uss Frankrich.* Gouchm. 923: *And Venus hab ich mich ergeben.*

§. 122. Unentbehrlich ist der Artikel auch bei den mit Eigennamen eng verbundenen Titeln und Verwandtschaftsbezeichnungen: *d Bas Anneli, d'Tante Esther, der Unkle Ruedi, der Doctor Meyer, der kinig Karl.*

Länder- und Städtenamen haben aber gewöhnlich keinen Artikel, ausser einigen, wie im Nhd., Berge- und Flüssenamen haben ihn.

§. 123. Nicht ausgelassen wird der Artikel in der Mundart in den von Erdmann, Grundzüge §. 28, 29, 30 für das Nhd. angeführten Fällen, „von Personen, die in ihrem Kreis einzig dastehen: *vater ist nicht zu Hause,* im Volksliedton: *Knabe sprach, ich breche dich, Röslein sprach* . . . oder im amtlichen Stil: *Beklagter trete vor.* Hier verlangt die Mundart unbedingt überall den Artikel.

§. 124. Der Fall, dass der Artikel beim Substantiv fehlt, wenn demselben eine genetivische Bestimmung vorhergeht, ist in der Mundart viel seltener als in der Schriftsprache, da ein solcher Genetiv nur noch als Genetiv des Besitzers, von Personen gebraucht, vor dem Substantiv stehen kann: *s Müllers hus, s Doris blondi Zepf.* Der Artikel muss fehlen, wenn dem Substantiv ein possessives Pronomen vorhergeht.

§. 125. Bei Stoffnamen und Abstracten, sei es, dass sie eine Ergänzung bei sich haben oder nicht, setzt der Dialekt den Artikel lieber, als dass er ihn auslässt; also nicht *Süessem wi gib i der vorzug vor surem,* sondern *im süesse wi gib i der vorzug vor em sure; i ha der süess wi lieber as der sur.*

§. 126. Auch im obliquen Casus darf der Artikel in der Mundart nicht fehlen, ausser in gewissen, beinahe zu Adverbien herabgesunkenen präpositionalen Ausdrücken, cf. Grimm 4, 423, wie: *iber land, iber feld, iberhaupt, z hande, z fuess, z pferd (zwäg, zruck), z thail werde, z Grund go, unter tags, bi nacht, vo härze gärn, z Schlag, z stand ko, z liecht, z stubede (z kilt), z märt, z härze go, z obe, z nacht, z immis, z mittag, z kopfede z fuessede* (< *kopfende, fussende*), *ehre halber, schande halber, mit hände grife.*

§. 127. Der Artikel kann fehlen bei paarweise mit einander verbundenen Substantiven, wobei der stärkere Ton immer auf dem zweiten liegt. Die Erscheinung ist aber weniger ausgedehnt als im Nhd., z. B.: *glick und glas (himmel und erde), hus und hof, mit wib und kind, mit lib und seel, mit händ und fiess, iber hals und kopf; frint und fint, ma und frau, tag und nacht, rucken und buch awende,* cf. Grimm 4, 409; es sind, wie man sieht, meist Verbindungen, welche in frühe Zeit hinaufreichen.

§. 128. Dass in Sätzen, wie *in Garte go, in Kirche go, an tisch aläne* etc. der Artikel nicht syntaktisch fehlt, ist klar. In der männlichen Form fiel das anlautende *d* ab und *en* schmolz mit dem auslautenden *n* der Präposition zusammen; beim Femininum oder Plural Masculinum und Neutrum assimilirte sich das *d'* mit dem anlautenden Consonanten des folgenden Wortes. Beispiele für diese Erscheinung finden sich schon bei Gengenbach, alt Eydg. 297: *an franzosen solt dich nit keren;* 5 Jud. 495: *der schmid frölich ju ring sprang.* Nollh. 53: *dar nach bin ich an keyser kon*[1]).

§. 129. Im Sinne eines possessiven Pronomens findet sich manchmal der bestimmte Artikel, cf. §. 86.

§. 130. Auffallend ist der bestimmte Artikel in einigen Redensarten wie *der narr mache; an aim der Narr gfrässe ha; i ha der schlächt Kärli gmacht.* Diese Ausdrücke dürften vom Schauspiel hergenommen sein = die Rolle des Narren etc. spielen.

Etwas anders ist der Artikel in *aim der zopf, der marsch mache, in ere sach der boge gä, der rank nä.*

Ganz eigenthümlich ist *s isch (si) der wärt;* an Auslassung oder Assimilation von *müe* kann man kaum denken;

---

[1]) So wird wohl auch die Stelle aus Gryphius aufzufassen sein, welche Tomanetz, Anz. f. d. A. XIV, 16 als Beispiel für Relativsatz bei artikellosem Substantiv citirt: *mein oft bestürmtes schiff ... kommt vor der Zeit an port, den meine seele wil.*

wahrscheinlich bedeutete es ursprünglich: das ist nicht der (volle) Werth der Sache; das Resultat ist nicht gleich dem Werth der aufgewandten Mühe*. In *das het jetz no der zit, mer hen jetz nit der zit*, vgl. westfälisch *dat hiät de tyit, ik hewe de tyit* könnte *der zit* ursprünglich Genetiv, abhängig von der Negation *nit* sein, der dann auch auf positive Sätze übertragen wurde.

V. Das Relativpronomen.

§. 131. Die einzige in der Mundart erhaltene Weise der gewöhnlichen relativen Verknüpfung zweier Sätze ist diejenige vermittelst der Relativpartikel *wo*; für sich allein gilt dieselbe nur für den Nominativ und den Accusativ. *Kei Chorbueb meh, wos Rauchfass schwingt, kei Volk wo vor em kneit, kei Priester meh, wo d Messe singt, kei Pfaff, wo tobt und schreit*, B. P. 4. *Der Dod vo Basel bisch du, wo d Menschen in Himmel bromeviert*, S. D. 1, 2. *Dä Ma, won i gestert gse ha*. Soll also ein anderer Casus des Relativs ausgedrückt werden, so wird die Relativpartikel durch den entsprechenden Casus des anaphorischen Pronomens *er, sie, es* (oder *dar*) resp. durch ein Pronomen possessiv der dritten Person (für *dessen*) wieder aufgenommen, cf. Seiler: *Dä Ma, woni im s Mässer gä ha; das Züg, wo du e Rock dervo hesch; das Mäl, wo mers Brot drus gmacht händ. Me sott em e Bängel gä, ass er eppis hätt, wo n er si kennt dermit were; der Herr, wo si Tochter hie isch.* Ganz analoge Erscheinungen finden sich im Persischen *kih*, neugriechisch ὅπου. ποῦ, französisch cf. Siede, S. 37: *c'est un carton à chapeau qu'il y a un chapeau dedans*. S. 38: *Je t'apporterez quelque chose que tu ne t'y attends pas. Il y a des personnes que ça leux z'y réussit. La dame que sa demoiselle s'est mariée;* spanisch Wigger's Gram. S. 92: *hubo algunos que los pareció forzoso el desamparar á Galipoli*.

Die Zeit, wann diese Partikel *wo* zur Bezeichnung des relativen Verhältnisses überhaupt zum ersten Mal auftritt, zu bestimmen ist mir nicht gelungen; frühere Beispiele als aus unserem Jahrhundert haben sich mir nicht geboten. Und doch ist jedenfalls die Erscheinung schon viel früher wenigstens im Keime vorhanden, da ja alle oberdeutschen Dialekte dieselbe aufweisen. Ausgangspunkt dafür ist wahrscheinlich die locale Bedeutung von *dâ* in Sätzen wie: *er gie zem künege, dâ er saz**.

§. 132. Zum Ausdruck eines allgemeinen relativen Verhältnisses dienen die Pronomina *wer* und *was*, aber nicht *wele*: *Si behauptet, wär si verwitsche well, käm an die Lätzi; alles was do innen isch, isch di; er haischt s Glichlig, was sini Vorgänger*, S. D. 1, 47. *Was d Frau Schindler gferchtet het, isch ytroffe*, S. D. 2, 48.

Wenn der Relativsatz einen concessiven Sinn hat, tritt oft *gäb, gä* verstärkend zu *was* oder *wie*: *Aber s'isch en nie, gäb wie ner d'Augen usglurt*, Seiler 128. *Gäb was no us mer will wärte;* älter steht dafür *Gott gäb*, z. B. bei Gengenbach, Gouchm. 559—61: *Nun bin ich darum kummen här Das ich frauw Venus auch besäch Gott geb was mir darum beschäch;* ib. 1152 f.: *Von härtzen wolt ichs euch gern gen Gott geb was seit mein böses wib.*

§. 133. Manchmal steht ein solcher Relativsatz mit *wer* oder *was*, wo eigentlich logischer Weise eine Conjunction am Platze wäre, cf. Paul, mhd. Gr.² §. 346, für einen Conditionalsatz: *S'isch lycht z'entdecke gsi, wär gse het, wie Sie brenne,* H. L. 8, für Concessivsatz: *Er isch e guete Mensch, was me gegen in sage mag;* für einen Vergleichungssatz namentlich in der Redensart *was me ka sage: er grüesst mi frindlig, was me sage ka*, S. D. 3, 21. *S'isch niene grob, putscht nienen a, manierlig, was me sage ka*, S. D. 3, 46.

§. 134. Wenn an einen Relativsatz ein zweiter durch *und* angeknüpft werden sollte, geht oft die Construction von der relativen in die mit persönlichem Pronomen über, cf. Paul, mhd. Gr.² §. 345 (*dä ma wo gestert do gsi isch und i von em das gschirr kauft ha*); *aine wo nem si Herr alles überlot und er desswäge macht, was er will*. Selten wird in einem solchen Falle im zweiten Satz gar kein Pronomen gesetzt.

§. 135. Hier müssen wir noch der Verschlingung der Relativsätze mit Conjunctionalsätzen gedenken, die oft so enge ist, dass eine Sonderung der Elemente der beiden aus einander nicht mehr möglich ist, cf. Paul, Prinz.², S. 253 f.: „nicht selten wird der Hauptsatz logisch so untergeordnet, dass man ihn als Bindeglied fassen kann und schiebt sich dann in den Nebensatz ein." *Er het alles, was me verlange ka dass aine ha soll. Sag mer, wer de witt dass ko soll. Die Arbet wroni waiss, dass de dermit beschäftiget bisch.*

§. 136. Statt eines relativen Gefüges findet sich in der Mundart oft Parataxe von selbständigen Sätzen, von denen aber der eine dem Sinne nach dem andern untergeordnet ist: *D Beharrligkait, das isch der Pflueg, dä risst der Boden uf bis gnueg*, B. P. 200. *S'isch wegeme Tabakspfifli, s het mi sechs Gulde gchost*, Hebel 1, 4.

7. Die Conjunction.

§. 137. Die Conjunctionen dienen dazu, Satztheile oder ganze Sätze mit einander zu verbinden. Dem Wesen der Mundart gemäss, welche paratactische Fügung der hypotaktischen vorzieht, ist die Zahl der zur Verwendung kommenden Conjunctionen eine beschränktere als in der Schriftsprache, besonders die unterordnenden Conjunctionen haben Einbusse erlitten.

§. 138. Entstanden sind die Conjunctionen:

1. aus Casus von Pronominen: *entweder, weder, dass;*

2. aus Adverbien von Adjectiven von Pronominen: *frili, do, denn, so, also, wo;*

3. aus adverbialen Ausdrücken: *zwor, wil;*

4. aus Präpositionen: *bis, sit, vor.*

§. 139. Beiordnende Conjunctionen sind:

1. *und* hat die gleichen Functionen wie in der Schriftsprache, cf. Tobler. K. Z. 7, 353 ff. Ausserdem wird es noch häufiger angewendet:

a) zur Einleitung eines adversativen Satzes, meist in Verbindung mit *doch, jetz fosch scho wider a mit dine dummhaiten und i ha ders grad gwehrt*, oder geradezu in adversativem Sinne: *er darf use und ich mues do blibe;*

b) in Verbindung mit der Negation: *dä hett zerst ans Herz dänggt und nit wie du an Mage*, S. D. 1, 33; *mer sin mensche und kaini tier*. Auf diese Weise muss das im Dialekt fehlende *sondern* ausgedrückt werden;

c) überhaupt werden viel häufiger Sätze durch *und* mit einander verbunden: *Hinter der Kirchen isch a schattig Plätzli gsi, und do hän se sich ufs Gras gsetzt und ihre Kerbli und Fläschen uspaggt. Und er ziet us sinere hoche Krawatten e goldeni Nodle und steggt ere si in Vorstegger und derzue sait er: Mengmole macht me Plän uf Plän und s grotet alles nit und just, wem me will der Muet verliere, kunnt eppis Unerwartets derzue, und was aim schloflosi Stunden und e menge tiefe Sifzger kostet het, isch ohne Zuetue ferig worde*, S. D. 1, 26. *Wo das nit helfe will, so probiert ers mit eme Schmitzli uf der Baggen und so streggts denn si rot Näsli usen und s Gryne schloht uf ais mol um*, S. D. 1, 28;

d) beinahe pleonastisch vor einem Demonstrativpronomen, das auf ein vorhergehendes Substantiv zurückweist: *do isch als der Babbe do und dä het Auge wie ne Sperber*, S. D. 1, 32; oder vor einem abhängigen Aussage- oder Fragesatz: *en Empfälig vom Herr Müller und Sie mechte so guet si und zu nem ko. E schene Gruess vom Herr Doggter und ob Sie das Buech nonig haige?*

e) vor einem Concessivsatz: *i will jetz dä zug gse und wenn i none Stund druf warte muess. Und kostets Lib und Läbe, d Schwizer wäm mer zwinge;*

f) statt *weder — noch* anzuwenden, negirt die Mundart beide Begriffe und verbindet sie durch *und*: *S'isch kai wi und kai glas do gsi;*

g) statt der Unterordnung durch einen Infinitiv mit *zu* wird ein Satz durch *und* angeschlossen nach *so frei si, so guet si* etc.: *Wänd der Herr Meyer jetz so frei si und ine spaziere*, S. D. 1, 40;

h) *und* dient zur Einleitung eines Nachsatzes eines hypothetischen Gefüges, dessen Vordersatz durch einen Imperativ gebildet wird: *Sag zuem Vorus Jo und i versprich der . . . E schritt no, und er wär verlore gsi.*

Der pleonastische Gebrauch von *und* nach Relativpronomen, welchen Tobler, K. Z. 7, 361, für das Schweizerische constatirt, ist nicht baslerisch.

2. *au* ist mehr Adverb als Conjunction. Es bietet in seiner Anwendung keine Unterschiede gegenüber der Schriftsprache. Es wird auch gebraucht = denn auch, darum auch, als Folge aus dem Vorhergehenden sich ergebend: *de hesch di dumm ufgfirt, de hesch au di Strof derfir biko.* 2. = denn in verwunderter Frage: *was gits au die ganze Zit z gnägge*, oder in ungeduldiger Aufforderung = doch: *mach au emol, dass de ferig wirsch*, cf. Tobler. P. B. B. 5, 358 ff.

3. *oder* disjunctiv ganz wie im Nhd.; schärfer betont wird die Ausschliessung eines der Glieder durch *entweder — oder*, das entgegen der ursprünglichen Bedeutung auch bei mehr als zweigliedriger Disjunction gebraucht wird. Zu einer eigenthümlichen dialektischen Verwendung von *oder* im Sinne von *es sei denn dass, ohne dass*, cf. Tobler. P. B. B. 5, 372: Tomanetz, Anz. f. d. A. 14, 26 und Paul, mhd. Gr.² §. 349: *er kunnt nie haim oder er bringt eppis mit. Er got nie us oder er haig gschäfte. I miest mi irren oder im isch en ungligg bigegnet*, erklärt Tomanetz durch Annahme der Ellipse eines Gedankens.

4. *aber* adversativ = nhd. *aber, allein.*

5. *doch* = nhd. *dennoch, jedoch* und = *doch* in Aufforderungs- und Fragesätzen oder begründend in Aussagesätzen.

6. *denn* causal = nhd. *denn*, auch in ungeduldiger Frage und Aufforderung: *was gits denn! kumm denn!* und folgernd = so denn. *Me het en lang plogt, er soll doch die wahl anä, ändlig het er denn nogä.*

7. *also* folgernd = nhd. auch in Aufforderungssätzen. *Also* dient oft mit Ellipse der Voraussetzung einfach zur Einleitung

einer Erzählung oder zur Fortführung, wenn sie unterbrochen wurde: *Also mir zwai sind von Juged uf eng bifrindet gsi*, S. D. 2, 3.

8. *deswäge, dämno, folglig, dorum* sind gleichbedeutend mit den entsprechenden nhd. Wörtern. Für *drum* ist ein merkwürdiger gemeinoberdeutscher Gebrauch in erläuterndem Sinne = *halt* zu erwähnen: *Wer het die Dummhait gmacht? Der Hans Heiri. So dä! Drum isch er au e Landschäftler. Dä het e besseri Stell als du; drum isch er flissiger gsi*. Ich fasse das so auf, dass *drum* ursprünglich für sich allein als Antwort auf ein nicht ausgesprochenes *worum* stand und der Grund in unabhängiger Form folgte: *drum: er isch flissiger gsi*.

9. *so*: dem *so* im Nachsatz nach Conditionalsätzen tritt in gleicher Bedeutung ein *derno* an die Seite. Das *so* wird manchmal weggelassen, wo es in der Schriftsprache kaum fehlen dürfte: *Und kunnt si mit em sure Gsicht, isch er der erst, wo d'Finke stricht*, B. P. 433.

10. *frili, allerdings, zwor* haben dieselbe Verwendung wie nhd. *Zwor* kann aber auch ohne ein correlatives *aber* stehen, also mehr adverbial = allerdings.

§. 140. Die unterordnenden Conjunctionen sind:
1. *dass, ass*. Es dient dazu:
a) wie im nhd. abhängige Aussagesätze einzuleiten;
b) zur Einleitung von Subject- und Objectsätzen: *es frait mi, dass de kunnsch; i will, dass de blibsch; mache, dass er ferig werde; i bi verwunderet gsi, dass er nit gsait het*. Ein solcher Satz hängt oft auch von einem Adverb ab, „indem das logische Verhältniss auch grammatisch deutlich ausgeprägt wird". Paul, Prinz.[2] S. 240: *villicht dass er morn kunnt*. Hieher ist auch zu rechnen das *dass* in elliptischen Wunsch-, Drohungs- und Verwünschungssätzen, cf. Paul, mhd. Gr.[2] §. 375: *dass de mer uber jetz nimmen eso lang ummestrichsch no der schuel! dass di der Gugger näm!*
c) final = damit, daneben *fir dass*;
d) consecutiv = so dass. *Im Kanderer Doni het er si*

Händelsueche emol vertribe, dass er si Läbdig dra dänggt het, S. D. 1, 1; mit Negation nach negativem Hauptsatz = ohne dass: *Er kunnt ni zuenis, dass er nit eppis mitbrächt.*

e) Wenn zwei Sätze mit einander verglichen werden, so muss nhd. der zweite Satz durch *dass* eingeleitet werden. Dialektisch geschieht dies auch meistens, es kann aber, besonders bei Gleichheit des Subjects in beiden Sätzen, die einfache Vergleichungspartikel auch genügen, cf. mhd. *danne*, Paul, mhd. Gr.² §. 350. *Es isch besser er hän fride mit enander als er händle die ganzi Zit. I ka halt nit anders machen als i suech die stellen alli zämme.*

f) *dass* wird pleonastisch den Fragepronominen beigesetzt, f. §. 78.

2. **als, as** ist heute neben dem echt dialektischen *weder* die häufigere Vergleichungspartikel nach Comparationen und Negationen. Manchmal steht *als* auch, wenn kein wirklicher Comparativ vorausgeht, aber doch einer im Sinn enthalten ist: *Was blibt derno? Nit viel as eine, wo still und spot am Himmel thront*, B. P. 6. Die Partikel *als* liegt wahrscheinlich auch zu Grunde dem an einen Vocativ sich anschliessenden *as in fulpelz as de bisch;* wenn daneben auch *Fulpelz dass de bisch* vorkommt, so könnte es so zu erklären sein, dass zu *as* eine vollere Form *dass* statt *als* gebildet wurde, wie in vielen anderen Fällen, wo jene Folgerung richtig ist.

3. **wie** ist ebenfalls Partikel der Vergleichung, sowohl in Beziehung auf ein vorhergehendes *so* als auch ohne solches, nie aber nach einem Comparativ. *Wiss wie schnee; er isch so gross wie du. Wie — wie* entspricht dem nhd. *je — desto: Raucht me us so me Pfifli, se würds ich wie länger wie schöner*, Hebel 1, 10, *wie finer, wie besser*, cf. Tobler P. B. B. 5, 380. Das eine Glied fehlt in der Verbindung mit *als* = immer vor einem Comparativ: *s'isch als wie finstrer worde*. *Wie* in Verbindung mit *au* ist concessiv entsprechend dem nhd. *so — auch: Wie gross den au bisch, i fercht mi doch net vor der*. Die Vergleichungspartikel kann auch ganz fehlen in Sätzen wie: *Kai Derfli gits, so wyt und brait me gsiht, wo ni nit gsi bi*,

S. D. 3, 21. *Es isch kai Berg, so menge stoht im Land, an dä nit allerhand Gidangge gly si hänge*, S. D. 3, 21.

Weder *als* noch *wie* werden im Dialekt temporal gebraucht.

4. *wenn* ist:

a) temporal = so oft als und = dann, wann;

b) conditional, *wenn* — *scho*, concessiv: *me ka nit alles, wemme scho mecht*. Bedingungssätze für sich allein ohne Nachsatz kommen vor im Sinne von Drohungs- oder Wunschsätzen, als Abweisungen von Behauptungen und Zumuthungen, die aus Unkenntniss der wahren Verhältnisse gemacht werden: *wenn de wisstsch, wie laid as es mir isch*, oder als Bedingungssätze, für die man keinen Nachsatz zu finden weiss; *wem me aber nimme witer kunnt!* Paul, Prinz.² S. 273.

5) *wo* temporal = nhd. *als, wie* (schon bei Brant): *wo ner das gsait gha het, isch er furt. I ha scho zuegluegt, wo nen alte Ma zuem Sterbe ko isch*, B. P. 150. Mit *doch* adversativ: *wie kennen er so ne Lärme mache, wo ner doch wisse, dass epper krank isch im Hus.*

6. *bis* und *bis dass*; *sit* und *sider as* (= seit und = so lange) *eb* und *eb dass* (ehe) werden den nhd. Conjunctionen entsprechend verwendet; dazu kommt noch *vor* = bevor. Schon Gengenbach hat *eb* und *ob* = ehe: *und theilt das wiltprät ob ers fieng*. Wenn im Nebensatz das Verbum dasselbe ist wie im Hauptsatz, so kann es fehlen, auch bei Verschiedenheit der Person: *i han in gse eb du*. *Eb* dient ferner zur Einleitung einer Frage = ob. *I ha lo froge, eb er ko kenn*. Die Anknüpfung ist oft eine freiere: *gang emol uf sälle Hibel, eb me si nonig gsiht*, cf. Paul, mhd. Gr.² §. 353, 1.

7. *wil* hat ausser seiner gewöhnlichen causalen Bedeutung die ursprüngliche temporale noch in einigen Resten bewahrt; *me mues lere, wil me jung isch; er schwätzt vil, wil der Dag lang isch.*

8. Die mhd. excipirende Conjunction *wan* ist noch erstarrt erhalten in *numme* = ni wan. *S'hens alli gsait, numme der Ruedi isch still gsi. Er het alli zaichnet, numme sletzt nit.* Fast als Conjunction kann man *numme* noch betrachten in

Exceptivsätzen: *die baide Brieder sind ganz glich, nummen isch der aint e bizli gresser als der ander*, wo der zweite Satz auch durch *numme dass* angehängt werden könnte.

§. 141. Es empfiehlt sich vielleicht der Uebersichtlichkeit wegen, hier einige Fälle anzuführen, wo die Mundart statt der Hypotaxe die Parataxe anwendet entweder mit oder ohne beiordnende Conjunction, cf. dazu Paul, mhd. Gr.² §. 333 ff.

1. Parataxe statt eines Subject- oder Objectsatzes mit *dass*: *Me siht jo klar, s'isch gstohlni Waar. Do ysihn i, jetz nimmsch s Licht. Gib Achtig, verdrucks nit.*

2. Statt Consecutivsatz: *Er het e Mul, er kennt e Bazebretzli ganz ine nä und no juchzye. S wird ich so glatt und so glänzig, s Suffilis Bäcklic chönne nit glänziger, chönne nit glätter si*, Hebel 1, 31.

3. Statt Exceptivsatz: *S'isch kai Abrille so guet, s schneit im Bur uf der Huet. Doch gang der Vater im Himmel nie verby, er geb em näumis, z Morgen und z Mittag*, Hebel 53, 27.

4. Statt Vergleichungssatz: *Und bredige kann er, i glaub im Himmel obe kenne sis nit besser*, S. D. 1, 5. *Dasch e Brieles und Lärmes, d Nachtbuebe mache nit en erger Gschrei.*

5. Statt Causalsatz: *Ändere chanis nit, se will i lieber gar helfe*, Hebel 2, 90. *Und miechs em noch so grisli heiss, So darf ers Mul nit henke, er muess an Zukunft denke*, B. P. 199.

6. Statt Unterordnung durch *indem* oder *dadurch dass*: *S Dori het mi am andere Morgen us miner Angst erleest, s het mer verzellt, wie scheen und gmietlig der Obe vergange sig*, S. D. 2, 9. Durch *und* verbunden: *nur muess er jäte mit Verstand und s Schlecht vom Guete trenne*, B. P. 200.

7. Statt Adversativsatz: *der arm Kärli zablet dra und het doch wenig gstohle gha*, B. P. 148.

8. Concessivsätze in Form unabhängiger Aufforderungssätze: *er soll numme ko, s'isch mir ganz aidue*, oder von Fragesätzen: *steerts eppen aim si Gwissesrue, zo rieft si ainewäg druf zue*, S. D. 3, 13.

9. Bedingungssätze in Form von Fragesätzen: *Witt singen

und waisch nit was, lueg nur durs Fenster, B. P. 419; von Imperativsätzen: *fang nur a z singe, es lychteret scho*, B. P. 418.

8. Das Verbum.

§. 142. Der syntaktischen Function nach lassen sich die Verben einmal eintheilen in Verba concreta oder Vollverba und in Verba abstracta oder Hilfsverba, cf. Miklosich 4, 261.

Als Hilfsverben werden im Dialekt verwendet:

§. 143. 1. das Verbum *si*. Es dient:

a) als Copula zur Verbindung eines Subjects mit einem Prädicatsnomen; in einzelnen Fällen, wo das Prädicat durch ein Adverb oder einen ganzen Satz ausgedrückt oder ganz ausgelassen ist, kommt so die Copula fast zu der Bedeutung *vorkommen*: *s het mer doch welle si* = es kam mir doch so vor: *s'isch mer gsi wie vor* = ich hatte eine Ahnung davon; *s'isch mer, i gsäch en; s'isch mer, i mecht eppis ässe*.

b) Zur Umschreibung des Präteritums intransitiver Verba an Stelle sowohl des in der Mundart verlorenen einfachen Präteritums als des Perfectums. Mit Hilfe von *si* bilden ihr Präteritum hauptsächlich folgende intransitiven Verba:

α) solche, welche die Ruhe an einem Orte ausdrücken: *blibe, hange, hogge, kneie, läne, lige, sitze, sto*; ebenso *schlofe* und *wohne*, wenn der Ort der Ruhe dabei angegeben wird: *i bi im Heu gschlofe; si sind im klai Basel gwohnt;* wird nur die Thätigkeit des Wohnens und Schlafens bezeichnet, so kommt *há* zur Anwendung;

β) solche, welche eine Bewegung von einem Orte zu einem andern ausdrücken: *bainle, burzle, blampe, ibiege, bogge, batsche, abbräche, dalpe, drümle, dichle, falle, fahre, fliege, flattere, gaisse, glungge, gumpe, go, hudele, ikere, keie, klätere, ko, kräsme, krobble, laufe, kneie, abrisse, renne, rite, schliche, stige, striche, schwanze, stelze, spaziere, schliefe, springe, trampe, trete* und andere;

γ) solche, welche einen Uebergang von einem Zustand in

einen andern ausdrücken: *ischlofe, inicke, gschwelle, grinne, werde* etc.;

δ) welche einen Affect bezeichnen.

§. 144. 2. *hå* dient noch häufiger als in der Schriftsprache als Vollverb; *es het* = es gibt; *mit dăm kind hani eppis gha* = habe ich viel auszustehen gehabt; *jetz het s es* = die Arbeit ist fertig. *S het in* = es hat ihn getroffen. *S het eppis* = es ist etwas daran. Als Hilfsverb wird es angewandt:

a) in Verbindung mit dem Participium Präteriti zur Bildung des Präteritums aller transitiven und vieler intransitiven Verben. Von den letzteren bilden alle die ihr Präteritum mit *ha*, welche nicht unter denen aufgeführt sind, die es mit *si* bilden; also:

α) Verba, welche ein Geräusch bezeichnen: *briele, bălle, bapple, batsche, brummle, brusche, brutle, brutsche, daibele, drampe, gălle, gaggere, gaine, gikse, grine, glisle, hile, hurne, händle, jomere, kittere, klopfe, koltere, schättere, schnauze, schreie* etc.;

β) Verben, welche eine Bewegung an einem Orte bezeichnen: *blampe, driele, dropfe, fiserle, fozle, fuchtle, gagle, gaisle, gaitsche, gigampfe, gschirre, hurnigle, rinne, schneie, spaiche, spore* etc., *dudle, frette, băschele, gfătterle;*

γ) welche das Befinden in einem Zustand ausdrücken: *dusle, schlofe, schnufe, huse, wone, handle, brenne, glüeje, glumse, bränzele, fischele, gamferle, muttele, rieche, schmecke, stinke* etc., *jäse, blüeje, drüeje;*

δ) welche eine Willensrichtung bezeichnen: *basse, blange, spanne, warte;*

ε) welche einen Nutzen odes Schaden bezeichnen: *batte, bschiesse, nutze, schade.*

§. 145. Es ist hiebei ein prinzipieller Unterschied gegenüber der Schriftsprache zu bemerken, nämlich der, dass die Verba, welche eine Bewegung von einem Orte nach einem andern oder die Ruhe bezeichnen, wie *fahre, rite, sto, sitze, schwimme, wachse* etc. in allen Fällen mit *si*, nie mit *ha* verbunden werden, auch wenn nicht das Resultat der Handlung, sondern die Handlung selbst betont werden soll. Daher werden auch diejenigen Verben, welche zugleich ein Geräusch und eine Bewegung ausdrücken können, im ersten Fall mit *ha*, im zweiten mit *si* verbunden, z. B. *er het heillos trampt* = er ist sehr laut aufgetreten, aber *er isch in der stadt um enander trampt*. Man wird überhaupt so sagen dürfen: die neutralen Verben verbinden sich mit *ha*, die eigentlichen intransitiven (s. unten) mit *si*.

b) §. 146. *ha* wird als Hilfsverb mit dem Infinitiv von gewissen Verben verbunden: *lo, heisse, mache, derfe, kenne, mege, miese, welle, se, here, helfe, lere, bruche, afo (ufhere): mer hän der Herr Doggter mache ko; du muesch der e Salbi hole lo. Er het mi haissen ineko, ich han en here singe; mer hen afange tanze, er het mir nit packe helfe*. Die Erklärung dafür ist die bekannte, dass das mit dem Infinitiv gleichlautende Particip Präteriti von *lo, haisse, yse* als Infinitiv aufgefasst und nach Analogie hiezu auch bei den anderen Verben an Stelle des Particips der Infinitiv trat, cf. Grimm 4, 168.

Anmerkung. Die nhd. mögliche Unterdrückung der Hilfsverba *ha* und *si* hinter dem Particip in Nebensätzen ist in der Mundart nicht statthaft.

§. 147. 3. *mege* erscheint noch als Vollverb im Sinne von a) einem an Kraft gleich kommen, einen bezwingen, b) = lieb haben. Als Hilfsverb hat es die Bedeutung von gerne etwas thun; nur in wenigen Resten noch die alte = im Stande sein = *s mag si*.

§. 148. 4. *solle* nur noch Hilfsverb, ganz dem nhd. *sollen* entsprechend, ebenso

5. *derfe* = dürfen.

§. 149. 6. *werde* noch Vollverb = geboren werden: *er isch im Augste worde*. Als Hilfsverb dient es: a) als Copula, b) zur Umschreibung des Passivs in Verbindung mit dem Participium Präteriti; c) zum Ausdruck eines Potentialis in Verbindung mit dem Infinitiv. Diese Bedeutung ist aus der nhd. gewöhnlichen futurischen hervorgegangen. Die letztere ist aber in der Mundart nicht vorhanden.

§. 150. 7. *welle* als Vollverb = wünschen; als Hilfsverb entspricht es ganz dem nhd. *wollen*. Die Bedeutung des Wollens ist manchmal ganz abgeschwächt zu der des Behauptens: *er will das ghert ha*, und fast nur noch Umschreibung des Verbalbegriffs in: *er het glaubt, i mach Spass, woni als nit ha welle versteh, was er maint. Es het mer doch si welle.*

§. 151. 8. *miese* = nhd. *müssen*. Vom Willen des Schicksals wird es an Stelle des nhd. *sollen* gebraucht: *es het halt nit müese si;* ebenso statt *sollen* bei einem Versprechen: *jetz muesch emol di Lohn ha. Krieg i e Gutzi? Jo, Kind, de muesch ais ha.*

§. 152. 9. *due*, mit dem Infinitiv eines Verbs verbunden, dient entweder dazu, dem Verbalbegriff einen besonderen Nachdruck zu geben: *was machsch? läse due n i. Spiele diem mer nie*, oder zur Umschreibung eines einfachen Verbs ohne Modification der Bedeutung.

In beiden Anwendungen finden sich aber nur die Präsensformen von *due*, nie ein Präteritum; sie sind schon bei Brant und Gengenbach sehr häufig, N. S. Vorrede 9: *die gantz welt lebt in vinstrer nacht und duet in sunden blind verharren.* 1, 9: *wo man von künsten reden duet.* Gengenbach, alt Eydg. 10: *thüt ein alter eydgenoss singen.* 146: *das thüt mich wunder nemen.* 207: *der do thüt niemandts schonen.* Es wechselt diese Umschreibung im gleichen Satz mit der einfachen Verbalform: *im Friejohr, wo d'Urhahne balzen und der Schnepfestrich isch und die glaine Veegeli am scheenste dient singe*, S. D. 1, 2.

Diese Construction kann verschiedene Ausgangspunkte haben aus mhd. *tuon* mit Infinitiv = veranlassen und mhd. *tuon* mit Particip Präteriti. Da nun in einer Reihe von Verben das Particip formal mit dem Infinitiv zusammenfiel, konnte das Particip als Infinitiv erscheinen und von solchen Fällen aus dieser letztere auch gesetzt werden, wo er nicht mit dem Particip gleich lautete.*

§. 153. Was nun die concreten Verben anbelangt, so muss ich mich darauf beschränken, einige Abweichungen von der Schriftsprache, d. h. hauptsächlich der letzteren un-

bekannte Uebergänge von einer Klasse zur anderen, zu notiren. Die Eintheilung, die dabei zu Grunde liegt, ist folgende von meinem verehrten Lehrer, Herrn Professor Behaghel, in seiner Vorlesung über deutsche Syntax gebrauchte:
A) absolute Verba:
1. neutra oder subjectiva, deren Thätigkeit sich auf das Subject selbst bezieht,
2. objectiva, bei denen ein Object vorschwebt, ohne dass es ausgedrückt wird;
B) relative Verba:
1. solche, welche ihre Ergänzung nicht im Accusativ zu sich nehmen (der Kürze wegen heisse ich sie hier Intransitiva),
2. solche, welche die Ergänzung im Accusativ zu sich nehmen: a) transitive, b) factitive.

§. 154. Manche Verba gehören mehreren Klassen an, sei es gleichzeitig, sei es, dass sie im Laufe der Zeit Uebergänge durchgemacht haben.

Neutral > objectiv: *blose, dämpfe* (neutr. = dampfen, obj. = Tabak rauchen), *kläppere, pfife, schälle* etc.

Neutral > intransitiv; *blibe, schlofe.*

Neutral > transitiv: *blose, bräche, brägle, pfife.*

Neutral > factitiv: *gfriere — ufgfriere, taue — uftaue, rugele, schmelze, trole,* nicht aber, wie nhd. *fahre.*

Intransitiv > transitiv: cf. Grimm 4, 51; hieher gehören eine Menge von Compositen von Verben: die einfachen Verba sind intransitiv, die zusammengesetzten transitiv: *falle — afalle, go — ago, sto — ibersto — versto, ko — iberko, luege — aluege, schränze — verschränze* u. A., *hirote.*

Intransitiv > objectiv: *abbiete, zinde.*

Transitiv > neutral: *abkiele, ändere* (trans. = ändern, neutr. = sich ändern), *bache, biesse, bisse, brote, bschliesse* (= schliessen trans. und neutr.), *hebe* (= halten, trans. und neutr.), *koche, male, mole* (neutral vom Pinsel), *ribe, risse, schitte* (= schütten und neutr. = regnen), *schmecke* (= riechen, trans. und neutr.), *schribe* (neutr. von der Feder), *verheie, verripse, verrumpfle, zaichne* (neutr. vom Bleistift).

Transitiv > intransitiv: *mangle* (= vermissen, intr. = fehlen), *abkratze* (trans. = wegkratzen, intr. = sich entfernen), *abzie, schiebe* (trans. = schieben, intr. = fortgehen), *fiere, ischlo, tribe* etc.

Transitiv > objectiv: *abgä, ablade, abstelle, butze, fäge, färbe, lete, muse* (= stehlen), *schlägge, spanne, stärke, trage, trische* etc.

Factitiv und transitiv oder objectiv: *lere* — lernen und lehren. Dies findet sich schon im Narrenschiff 5, 9: *und trüb, was ich jung hab gelert;* ebenso häufig bei Gengenbach. (Dabei ist auffallend, dass *lere* = lernen als Accusativergänzung nicht nur ein Abstractum, sondern auch ein concretes Substantiv bei sich haben kann: *Der Fikari het drin e Pfarer glert*, Seiler 189.)

Nur transitiv ist *blaiche, brichte* (*er het mi lätz brichtet*), nur intransitiv *glüeje*.

Im Ganzen ist zu bemerken, dass Transitiva und absolute Verba weniger oft in der Form zusammengefallen sind, als in der Schriftsprache. Der alte Unterschied, wonach transitive und intransitive Verben von demselben Stamm dadurch gekennzeichnet sind, dass letztere gewöhnlich stark, erstere gewöhnlich schwach sind mit umgelautetem Stammvocal, ist freilich nicht mehr rein erhalten, aber doch noch mehr, als im Nhd.: *dorre* (intr.), *dörre* (trans.), ebenso *hange — hänge, trockne — treckne.*

§. 155. Reflexive Verben entstehen dadurch, dass transitive Verben das Reflexivpronomen als Ergänzung zu sich nehmen; dabei ist zu unterscheiden zwischen gelegentlicher und ständiger reflexiver Ergänzung. Die Unterschiede gegenüber der Schriftsprache sind gering, cf. Grimm 4, 36.

Zu denjenigen transitiven Verben, welche überhaupt nur reflexiv vorkommen, gehören ausser den mit dem Nhd. gemeinsamen: *si bsägne, drumpiere, dummle, duppe, erzaige, ferchte, spere, veräxgüsiere, verluege, vernarre, verrede, verschnäpfe;* reflexiv und intransitiv sind z. B.: *irre, verschnufe, zäpfe*.

Nur gelegentlich reflexiv gebraucht werden folgende

Verben, die a) nhd. immer so vorkommen: *(fraie), aschicke* (= angreifen), *balge*; b) die nhd. nicht reflexiv vorkommen: *abzie* (refl. = sich ausziehen), *alege* (refl. = sich anziehen), *aschlo, astosse, imache* (refl. = sich einhüllen), *ipacke, maine* (refl. = eine grosse Meinung von sich haben), *stippere, verdrage, verlide (s mag si nit verdrage* oder *verlide).*

Gar nie reflexiv gebraucht werden folgende: *azie, uszie, hiete? rieme? schaide, schnüze, stosse, verfahre, vergässe, hänge, läne, lege, setze, stelle.* An Stelle der nhd. reflexiv gebrauchten fünf letzteren Verben werden die intransitiven *hange, läne, lige, sitze, sto* gebraucht wie im Mhd.

Die im Nhd. gar nicht seltene Abschwächung des Reflexivs zu passiver Bedeutung in Sätzen, wie *das begreift sich; der Wein trinkt sich leicht; das hört sich gut an* (cf. Paul, Prinz.² S. 234), ist der Mundart bis auf wenige Spuren fremd; *das verstoht sich; smecht si währli verlide scho jetz e Bitzeli z führe,* B. P. 8; *s frogt sich.*

§. 156. Endlich bleibt noch die Scheidung der Verba in perfective und imperfective zu besprechen, cf. Miklosich 4, 288 ff.

Es ist klar, dass dieselbe für die mundartlichen Verben ebenso gut gilt, wie für die neuhochdeutschen. Auch hier sind die Unterschiede zwischen Dialekt und Schriftsprache fast verschwindend. Dass Verba beiden Klassen zugleich angehören, kommt auch vor: *falle, stige, lose, lige, hange, läne, sitze, sto, trampe, gumpe, laufe, springe, wackle, zittere.*

Oft ist das Simplex eines Verbums imperfectiv, das Compositum perfectiv: *friere : gfriere, läse : verläse, reise : verreise, schlofe : ischlofe, schiesse : verschiesse.*

Im Mhd. hat so namentlich die Vorsilbe *ge-* perfectiv machende Function, woher es auch kommt, dass sie besonders gerne beim Perfect und Particip steht. Während meines Wissens in den übrigen schweizerischen Dialekten diese perfectiv machende Kraft von *ge-* (und auch von *er-* in resultativen Verben) noch lebendig ist, also Simplex und Compositum in verschiedenem Sinne neben einander vorkommen, ist im baselstädtischen davon fast nichts mehr zu spüren. Wenn Simplex und Compositum noch neben einander vorkommen, haben sie fast immer einen auch materiell von einander abweichenden Sinn, z. B.: *falle : gfalle; friere : gfriere; here : ghere; lure : glure; rinne : grinne;* überhaupt aber ist gewöhnlich nur das Simplex oder nur das Compositum vorhanden, letzteres z. B. in *gheie, gnägge, gsche, gschände, gschwaige, gschwelle, gwenne.* Zur Bildung des Particip Präteriti ist *ge-* unumgänglich geworden, und wenn es heute in Wörtern wie *do, dropft, drunke, brocht, baue, blose, briglet* etc. zu fehlen scheint, so ist dies nur auf lautliche Gründe zurückzuführen, indem sich *g'* hier an *d*, resp. *b* assimilirt hat.